Filipendula purpurea

Tropaeolum speciosum

Noël Prockter

Gartenstauden von A bis Z

Haltung – Pflege – Vermehrung
150 Arten in Farbe

Kosmos
Gesellschaft der Naturfreunde
Franckh'sche Verlagshandlung
Stuttgart

Zu diesem Buch

Verfasser: Noël Prockter
Herausgeber: Geoff Rogers
Designer: Roger Hyde
Fotos: (O = oben, U = unten)
Die meisten Aufnahmen stammen von Eric Crichton mit Ausnahme von Pat Brindley: 105 (U), 106, 107 (U), 108 (U), 109
Noël Prockter: 134 (U)
Zeichnungen: Maureen Holt

CIP-Kurztitelaufnahme der Deutschen Bibliothek

Prockter, Noël:
Gartenstauden von A bis Z : Haltung – Pflege – Vermehrung ; 150 Arten in Farbe / Noël Prockter. [Aus d. Engl. übers. von Helmut Demuth]. – Stuttgart : Franckh, 1984.
(Kosmos-Florarium in Farbe)
Einheitssacht.: An illustrated guide to perennials <dt.>
ISBN 3-440-05385-7

Aus dem Englischen übersetzt von Dr. Helmut Demuth
Titel der Originalausgabe »An Illustrated Guide to Perennials«. Ein Salamander-Buch; die englischsprachige Ausgabe ist zuerst bei Salamander Books Ltd., Salamander House, 27 Old Gloucester Street, London, Großbritannien unter ISBN 0 86 101 155 4 erschienen.

108 Farbfotos von Pat Brindley (5), Eric Crichton (102) und Noël Prockter (1)
156 Zeichnungen von Maureen Holt

Umschlaggestaltung Edgar Dambacher unter Verwendung einer Aufnahme von Burkard Kahl

Franckh'sche Verlagshandlung, W. Keller & Co., Stuttgart / 1984

Printed in Belgium / Imprimé en Belgique / LH 14 ro
ISBN 3-440-05385-7
Reproduktionen: Bantam Litho Ltd., Großbritannien
Satz: Fotosatz Stephan, Stuttgart
Herstellung: Henri Proost & Cie. pvba., Turnhout/Belgien

Acanthus mollis

A
bis
Z

Zantedeschia aethiopica

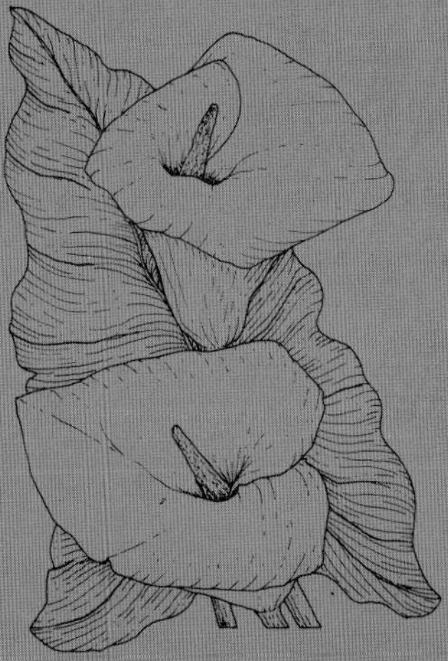

Einleitung

Unter einer Gartenstaude verstehen wir ausdauernde, krautige Pflanzen, die über Jahre hinweg im Boden bleiben, deren oberirdische Teile (Stengel, Blätter) im Winter meist gänzlich absterben, die aber jedes Frühjahr wieder neu aus ihren unterirdischen Teilen (Wurzeln, Wurzelstöcken, Rhizomen, Zwiebeln) austreiben.
In diesem Buch werden über 150 Arten beschrieben, die sich für den Staudengarten gut eignen, obwohl einige unter ihnen sind, die unsere Winter nur an einem geschützten Ort und mit entsprechendem Frostschutz (Laubstreu, Abdecken mit Tannenreisig etc.) unbeschadet überstehen.
Die beschriebenen Arten sind in der alphabetischen Reihenfolge ihrer wissenschaftlichen Namen angeordnet und fast alle in Farbe abgebildet. Die für die gärtnerischen Arbeiten und für die Anlage eines Staudenbeetes wichtigen Daten sind besonders hervorgehoben:

Standort
Bodenbedingungen
Blütezeit

Bei der Beschreibung der einzelnen Arten und Sorten wurde auf die Angabe der Heimat und der Wuchshöhe besonderer Wert gelegt, da vor allem letztere bei der Gestaltung eines Staudenbeetes oder gar eines Staudengartens eine wichtige Rolle spielt.

Die Anlage eines Staudenbeetes

Die Vorbedingung für ein schönes Staudenbeet ist ein gut und sorgfältig vorbereitetes Pflanzbeet, da die Stauden hier ja einige Jahre ungestört bleiben. Der Boden sollte also zwei bis drei Spatenstiche tief aufgelockert und durch Beigabe von

Links: Ein schönes Beispiel für eine »klassische« Staudenrabatte: Pflanzen von verschiedener Höhe, Farbe und Struktur sind kunstvoll vereinigt worden, um eine erstaunliche Wirkung zu erzielen.

Rechts: *Lysimachia punctata* ist eine robuste, mittelhohe Staude, die sowohl in der Sonne als auch im Halbschatten gedeiht.
Siehe Seite 117.

Humus, Laubstreu oder Gartenkompost verbessert werden. Frischer Mist eignet sich nicht – es sei denn, wir lassen das Beet eine Vegetationsperiode unbepflanzt.
Sehr wichtig ist auch das völlige Ausrotten ausdauernder Unkräuter wie Löwenzahn, Ampfer und Winden. Bei der Bepflanzung müssen wir zum einen vom Standort, das heißt der Lage des Beetes (sonnig, schattig, halbschattig, geschützt, ungeschützt), und der Bodenbeschaffenheit ausgehen, zum anderen aber von der Blütezeit und Wuchshöhe der Stauden; auch die Farbe der Blüten spielt bei der Komposition eine ganz wichtige Rolle. Ein Fehler, der auch immer wieder passiert, ist der, daß man zu viele Pflanzen einsetzt und den notwendigen Platz zum Ausbreiten nicht einkalkuliert, da junge Stauden noch klein sind und in den ersten beiden Jahren noch recht spärlich wirken. Das kann man jedoch ändern, indem man zwischen den Stauden einjährige Sommerblumen zum Ausfüllen der Zwischenräume sät. Nach drei Jahren hat sich das Bild dann verändert: Jetzt haben die meisten Stauden ihre volle Größe erreicht und konnten sich ungestört entwickeln und ihre ursprüngliche Wuchsform entfalten. Anders sieht das aus, wenn man von vornherein zu viele Pflanzen einsetzt, die sich dann im Wachstum gegenseitig behindern.
Beim Bepflanzen ist also zu beachten:
– Auf die Haltungsbedingungen der einzelnen Arten achten

- Blütezeit beachten und dementsprechend variieren, damit nicht die Hälfte des Beetes mit Frühjahrsblühern bedeckt ist, die andere mit Sommer- oder Herbstblühern, so daß der Teil, in dem die Frühjahrsblüher sitzen, im Sommer und Herbst leer oder unschön aussieht. Also Frühjahrs-, Sommer- und Herbstblüher mischen.
- Auf die verschiedenen Wuchshöhen eingehen, so daß nicht vorne am Beet oder am Rand die hochwüchsigen Arten stehen und dahinter die niedrigeren, die dann nicht mehr zu sehen sind oder gar aus Lichtmangel absterben. Man sollte also im Staudenbeet, sei es ein Randbeet oder eines, das von allen Seiten aus begehbar ist, eine Staffelung vornehmen: die hochwachsenden Stauden in den hinteren (beim zugänglichen Beet den mittleren) Teil, die niedrigeren je nach Höhe nach vorne und an den Rand. Bei dieser Art der Anpflanzung erhalten wir sogleich einen praktischen Nebeneffekt: Die niederen Stauden stützen die höheren.
- Bei der Farbzusammenstellung muß man natürlich auch davon ausgehen, daß die Arten zu verschiedenen Jahreszeiten erblühen, also die Farbe Gelb z. B. im Frühjahr, Sommer und Herbst auftauchen sollte. Wichtig ist es auch, daß das Staudenbeet nicht zu bunt wird, daß farbliche Schwerpunkte gesetzt werden, das heißt von einer Art vielleicht mehrere Stauden zusammengepflanzt werden. Die

Oben: *Rudbeckia fulgida* 'Goldsturm' bringt im Herbst ein leuchtendes Gelb in das Staudenbeet. Siehe Seite 149.

Links: Ein prächtiger Rasen und reich bepflanzte Rabatten passen großartig zusammen.

Oben: *Cortaderia selloana* 'Pumila', ein wunderschönes, nicht zu hoch werdendes Pampasgras. Siehe Seite 55.

Rechts: *Anemone* 'Honorine Jobert' erblüht in zarten Farben im Spätsommer. Siehe Seite 22.

farbliche Zusammenstellung bleibt jedoch jedem einzelnen überlassen – was letztendlich die prächtige Vielfalt und Unterschiedlichkeit der einzelnen Staudenbeete in den Gärten hervorbringt.

Die Pflege eines Staudenbeetes

Es heißt zwar, daß in einem Staudenbeet die einzelnen Pflanzen über Jahre hinweg ungestört wachsen. Das bedeutet jedoch nicht, daß ein Staudenbeet keiner Pflege bedarf:
Hin und wieder sollte der Boden zwischen den einzelnen Pflanzen aufgehackt und gelockert werden. Eine alte Gärtnerweisheit sagt:
Einmal gehackt ist so gut wie fünfmal gegossen.
Solange die Stauden noch nicht dicht zusammengewachsen sind, wird sich zwischen ihnen noch Unkraut in größeren Mengen entwickeln, das entfernt werden muß.
Höher wachsende Stauden müssen – vor allem an einem ungeschützten Standort – gestützt werden. Hierfür gibt es im Handel schon verschiedene Stecken, Stäbe, Latten und Gittergestelle, die nicht zu klobig sind und die Schönheit der Stauden verdecken. Natürlich kann man die Stauden auch mit

selbst gesammelten Erbsenreisern stützen, die man rechtzeitig in den Boden direkt neben die Pflanze steckt, so daß diese darum herumwachsen kann.
Stauden können nicht unbegrenzt lange an einem Standort ihr Bestes geben. Alle vier bis fünf Jahre müssen auch sie geteilt und an einen anderen Standort gepflanzt werden.
Zur Pflege gehört auch, daß wir abgeblühte Blütenstände entfernen. Das sieht nachher nicht nur besser aus, oft regt dies auch die Pflanze zur weiteren oder längeren Blüte an.

Vermehrung von Stauden

Unsere Gartenstauden können auf verschiedene Weisen vermehrt werden: durch Teilung, Stecklinge oder Aussaat, wobei die einfachste Methode die Teilung ist. Geteilt wird meist im Frühjahr oder Herbst oder gleich direkt nach der Blüte. Welche Art der Vermehrung am besten angewendet wird, ist in diesem Buch jeweils bei den einzelnen Arten angegeben. Wer sich über das Pflanzenvermehren näher informieren will, dem empfehlen wir:
MITCHELL/HAYNES, Pflanzen vermehren – aber richtig. Kosmos-Verlag, Stuttgart 1983.

Oben: Die blaßgelben Blütendolden von *Achillea filipendulina* 'Coronation Gold' stehen auf bis zu 90 cm hohen Stengeln, die gut gestützt werden müssen. Die Blüten eignen sich hervorragend für Trockenblumensträuße. Siehe Seite 17.

Links: *Acanthus mollis,* eine sonderbare Pflanze mit ebenso schönen Blüten wie Blättern, die jedoch viel Platz benötigt. Siehe Seite 17.

Rechts: *Achillea millefolium* 'Cerise Queen' eignet sich am besten für den vordersten Bereich im Staudenbeet. An einem ungeschützten Platz müssen die Blütenstengel gestützt werden. Siehe Seite 18.

Oben: *Aconitum wilsonii* benötigt viel Platz und muß im Hintergrund gepflanzt werden, da sie sonst niedrigere Stauden verdeckt. Am besten wirken 2–3 Pflanzen nebeneinander. Siehe Seite 18.

Links: *Alchemilla mollis,* eine anpassungsfähige Pflanze, die von Floristen hauptsächlich des samtigen, graugrünen Laubes wegen geschätzt wird. Im Garten bietet sie sich als Bodendecker an. Siehe Seite 20.

Rechts: *Agapanthus* 'Headbourne Hybride', ein schönes Liliengewächs, das im Frühsommer auf bis zu 90 cm hohen, starken Stielen Blüten in verschiedenen Schattierungen von Blau trägt. Siehe Seite 19.

Oben: *Anaphalis yedoensis* trägt auf 60 cm hohen Stielen »unvergängliche«, papierartige, weiße Blüten und eignet sich hervorragend für Trockenblumenarrangements. Siehe Seite 21.

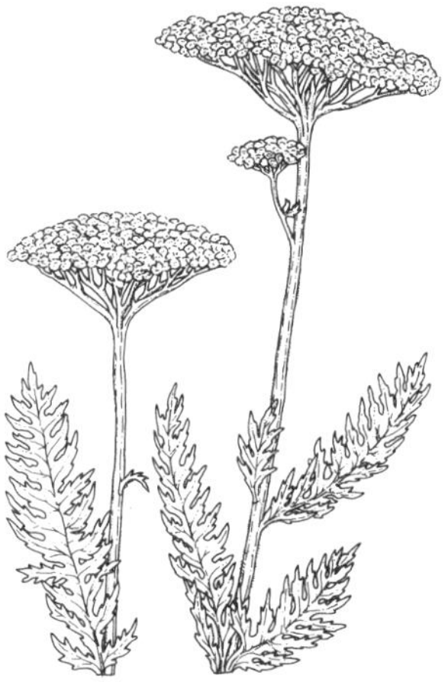

Akanthus

Acanthus mollis
Akanthusgewächse (Acantheaceae)

Sonnig
Gut durchlässiger Boden
Juli–August

Heimat: Mittelmeergebiet
Dekorative Pflanze mit sehr großen, tief eingeschnittenen, glänzend grünen Blättern. Im Sommer erscheinen auf ca. 120 cm hohen Stielen Ähren lila-weißer Blüten.
Haltung: Da eine Pflanze einen Durchmesser von 90 cm erreichen kann, ist es ratsam, in kleinen Gärten nur eine Pflanze zu ziehen, zumal die Wurzeln sich ausbreiten. Jede gute Erde behagt ihr, wenn sie nur gut durchlässig ist. Lieber etwas trockener als zu feucht halten. Im Frühjahr pflanzen und vor allem in kalten Gegenden im Winter mit einer Schicht Laubstreu oder gut verrottetem Gartenkompost vor Frost und kalten und austrocknenden Winden schützen.
Vermehrung: Im Frühjahr durch Teilung oder Aussaat in einen ungeheizten Vermehrungskasten, im Spätherbst oder Winter durch Wurzelstecklinge.
(Bild Seite 12)

Goldgarbe

Achillea filipendulina
Korbblütler (Compositae)

Sonnig
Kräftiger, nicht zu feuchter Boden
Juli–September

Heimat: Kaukasus, Kleinasien
Bis 1,50 m hoch werdende Staude mit silbergrauen, filzigen, aromatisch duftenden Stengeln und Blättern. Blätter lanzettlich und gefiedert. Die zitronengelben Blüten stehen in großen, flach gewölbten Dolden zusammen. Die kürzlich eingeführte Sorte 'Coronation Gold' hat fiederige graugrüne Blätter und blaßgelbe Blütenschirme und wird nur 90 cm hoch. Eignet sich gut für Trockenblumensträuße und -gestecke.
Haltung: Im Frühjahr in kräftige Erde pflanzen, möglichst an eine sonnige, geschützte Stelle, an der sich die Staude gut ausbreiten kann. Trugdolden sollten gut gestützt werden, damit sie bei nassem Wetter und Wind nicht umknicken. Die hohen Sorten im Herbst dicht über dem Boden abschneiden.
Vermehrung: Durch Aussaat oder Teilung im Frühjahr oder durch Stecklinge im Frühsommer.
(Bild Seite 13)

Schafgarbe
Achillea millefolium 'Cerise Queen'
Korbblütler (Compositae)

Sonnig
Gut durchlässiger Boden
Juni–Oktober

Heimat: Europa
Polsterartige Pflanze mit dunkelgrünem, fiederigem Laub; darüber erheben sich im Sommer auf kräftigen, 60 cm hohen Stielen flache Trugdolden rosa- bis kirschroter, in der Mitte hellerer Blüten. Ideal für die erste Reihe der Rabatte, aber Vorsicht – kann wuchern.
Haltung: Gedeiht am besten in sonniger, aber geschützter Lage in gut durchlässiger, nicht zu feuchter Erde. Ein paar kräftige Erbsenreiser verhindern, daß die Pflanzen bei Wind umgeweht werden.
Vermehrung: Im Frühjahr durch Stecklinge (im Kalthaus oder ungeheizten Kasten) oder durch Teilung im Herbst.
(Bild Seite 13)

Blauer Eisenhut, Sturmhut
Aconitum napellus
Hahnenfußgewächse (Ranunculaceae)

Halbschattig
Lockerer, feuchter Humusboden
Juni–August

Heimat: Europäische Gebirge
Stattliche Staude mit einer rübenartig verdickten Wurzelknolle, neben der sich immer neue entwickeln, so daß ein großer Busch entsteht. Kräftige, 90–150 cm hohe Stengel tragen dunkelgrüne, gefingerte Blätter und eine endständige Traube tiefblauer, helmähnlicher Blüten. Neben der Wildform gibt es viele Zuchtformen, z. B. 'Blue Sceptre', eine hübsche, adrette, nur 60 cm hohe Zwergform mit blau-weißen Blüten, und die größere, 90 cm hohe 'Bressingham Spire'.
Haltung: Vor Trockenheit und praller Sonne schützen; eher sehr feucht halten. Abdecken mit Kompost (Mulchen) im Frühjahr und Ausdünnen überzähliger Stengel fördern die Blüte.
Vermehrung: Durch Aussaat im Frühjahr oder Teilung im Frühjahr oder Herbst.
Bemerkung: Giftig, besonders die Wurzeln!
(Bild Seite 14)

Weißfrüchtiges Christophskraut
Actaea alba
Hahnenfußgewächse (Ranunculaceae)

Halbschattig
Lockerer Laubhumusboden
Mai–Juni

Heimat: Atlantisches Nordamerika
Ausdauernde, 30–60 cm hohe Staude mit dickem Wurzelstock. Die aufrechten Stengel tragen langgestielte, zwei- bis dreifach gefiederte Blätter, die beim Zerreiben unangenehm riechen. Die vielen kleinen, weißlich-gelben Blüten bilden eine Traube. Aus ihnen werden ca. 1 cm große weiße Beeren, die auf verdickten roten Stielchen sitzen.
Haltung: Einen kühlen Standort mit Halbschatten und Feuchtigkeit haltender, fruchtbarer Erde wählen; eignet sich gut für einen Platz unter Sträuchern. Die Stelle bezeichnen, da die Blätter vergehen und die Wurzeln nicht gestört werden dürfen.
Vermehrung: Im Frühjahr durch Aussaat oder Teilung des Wurzelstokkes.
Bemerkung: Vorsicht, die Beeren sind giftig!

Schmucklilie
Agapanthus-Hybriden
Liliengewächse (Liliaceae)

Sonnig
Lehmiger, fruchtbarer Boden
Juli–August

Heimat: Südafrika
Stattliche, 50–120 cm hohe Staude. Aus fleischigen, knolligen Wurzeln entspringen dunkelgrüne, riemenartige Blätter und kräftige Stiele mit endständigen, kugeligen Blütendolden in verschiedenen Blautönen. Stiele und Blätter vergehen im Winter. Die Stammform *A. umbellatus* ist frostanfällig; es gibt jedoch jetzt einige sehr schöne winterharte Zuchtformen.
Haltung: Die Erde soll eher feucht als trocken, aber nicht naß sein. Nicht tief pflanzen. Die Stelle bezeichnen, damit beim Umgraben des Beetes die Wurzeln nicht beschädigt werden. Im Winter vor Frost und Nässe schützen.
Vermehrung: Jederzeit durch Teilung. Aussaat erbringt erst nach 5 Jahren blühfähige Pflanzen.
(Bild Seite 15)

Frauenmantel
Alchemilla mollis
Rosengewächse (Rosaceae)

Sonnig–schattig
Feuchter Gartenboden
Mai–August

Heimat: Gebirge Europas und Asiens
Wertvoller, bis 45 cm hoher Bodendecker mit gerundeten, seidig behaarten, blaß graugrünen Blättern und winzigen, zarten, schwefelgelben Blütentrauben, die lange Zeit halten. Eignet sich aufgrund ihrer dichten Belaubung sehr gut als »Füller« in Rabatten und Staudengärten.
Haltung: In beliebiger guter, fruchtbarer Erde, in der Sonne oder im Schatten unter Bäumen; an dem Wind ausgesetzten Standorten etwas abstützen. An eine Stelle pflanzen, an der sie sich ausbreiten kann. Um die Pflanze in Schranken zu halten, entfernt man die Blütenstände, ehe die Samen reifen.
Vermehrung: Durch selbstausgesäte Keimlinge oder durch Teilung des Wurzelstocks im Frühjahr oder Herbst.
(Bild Seite 14)

Inkalilie, Alstroemerie
Alstroemeria aurantiaca
Amaryllisgewächse (Amaryllidaceae)

Sonnig–halbschattig
Gut durchlässiger, sandiger Boden
Juni–August

Heimat: Südamerika
60–120 cm hoch werdende Staude mit fleischigen, fingerähnlichen Wurzeln, aus denen weiche Stiele mit lanzettlichen Blättern und endständigen Dolden mit 10–30 orangegelben, bis 4 cm langen Lilienblüten entspringen. Die Blütendolden sind auch in der Vase lange haltbar.
Haltung: Zwischen Frühherbst und zeitigem Frühjahr pflanzen. Die Wurzelknolle muß mindestens 20 cm tief liegen, damit sie vor Frost geschützt ist, der Boden sollte zusätzlich mit Laub abgedeckt werden. Alstroemerien benötigen einen gut durchlässigen Boden und reagieren sehr empfindlich auf zu viel Feuchtigkeit oder stauende Nässe. Sie zeigen im ersten Jahr wenig Wachstum, aber wenn sie sich eingewöhnt haben, benötigen sie recht viel Platz.
Vermehrung: Durch Teilung oder Aussaat.

Inkalilie, Alstroemerie
Alstroemeria ligtu
Amaryllisgewächse
(Amaryllidaceae)

Sonnig
Gut durchlässiger, sandiger Boden
Juni–Juli

Heimat: Südamerika
Bis 60 cm hohe Staude mit trompetenförmigen Lilienblüten, deren Farbe von Gelb und Orange bis Dunkelrot und Rosa variiert. *A. ligtu* eignet sich großartig als Schnittblume.
Haltung: *A. ligtu* ist nicht so winterhart und nicht so leicht einzugewöhnen wie *A. aurantiaca*. Sie gedeiht am besten im Schutz einer besonnten Mauer. Beim Einkauf versuche man, ruhende einjährige Knollen zu erstehen. Diese werden im Spätsommer oder Frühherbst mindestens 20 cm tief gepflanzt und zusätzlich noch durch eine dicke Schicht Laubstreu vor Frost geschützt. Die jungen Pflanzen müssen so lange gut vor Frost geschützt werden, bis die Knollen fest verwurzelt sind.
Vermehrung: Im Frühjahr durch Samen (die Aufzucht der Keimlinge ist jedoch schwierig) oder durch Teilung des Wurzelstockes.

Perlpfötchen, Silberimmortelle
Anaphalis yedoensis
Korbblütler (Compositae)

Sonnig
Trockener, sandiger Boden
Juli–September

Heimat: Nördliches Nordamerika, Nordostasien
Bis 1 m hoch werdende Staude mit kriechendem Wurzelstock. Die schmal-linealischen grünen Blätter sind unterseits weiß behaart. Der flache, lockere Blütenstand, der bis 10 cm breit wird, besteht aus zahlreichen papierartigen weißen, in der Mitte hübsch gelben Blüten, die sich vom Sommer bis zum Frühherbst entfalten.
Haltung: Gedeiht am besten in praller Sonne auf trockenem, sandigem Boden. Winterhart. Wenn man die Blüten für Blumenarrangements im Winter sammelt, läßt man die Stiele sich satt trinken, ehe man sie zum Trocknen aufhängt.
Vermehrung: Durch Teilung im Herbst oder durch Aussaat ins Freiland im Frühjahr.
(Bild Seite 16)

Italienische Ochsenzunge

Anchusa azurea
Boretschgewächse
(Boraginaceae)

Sonnig
Gut durchlässiger, nahrhafter Boden
Juni–September

Heimat: Kalkpflanze des Mittelmeergebietes
Zwei- bis mehrjährige Pflanze, die bis 1,5 m hoch werden kann und reich blüht. Aus einer mehrköpfigen Wurzel entstehen hohe, kräftige, nur im oberen Teil verzweigte Stengel, die wie die wechselständigen, lanzettlichen Blätter borstig behaart sind. In den Blattachseln entspringen dichte Wickel leuchtend blauer Blüten. Es gibt mehrere ausgezeichnete Sorten: 'Morning Glory', leuchtend blau, 150–180 cm hoch, 'Opal', zart blau, 150 cm hoch, 'Royal Blue', satt königsblau, 90 cm hoch, und 'Loddon Royalist', enzianblau, 90 cm hoch.
Haltung: Wächst in jeder guten Erde an sonnigen Standorten. Für Rabatten junge Pflanzen wählen. Bei ungeschütztem Standort anbinden, damit die Stengel nicht brechen.
Vermehrung: Einfach durch Teilung oder Aussaat.
(Bild Seite 33)

Herbstanemone, Japananemone

Anemone japonica
Hahnenfußgewächse
(Ranunculaceae)

Halbschattig
Humoser, kalkfreier Boden
August–September

Heimat: China
Staudenanemonen, deren Höhe von 45–120 cm variiert. Die dreiteiligen Blätter erinnern an Weinlaub. Die Wurzeln sehen aus wie steife, schwarze, lederne Schuhriemen. Die mäßig verzweigten Stengel tragen lockere Blütenrispen mit großen, einfachen oder gefüllten weißen, rosafarbenen oder roten Blüten: 'Bressingham Glow', halbgefüllt, rosenrot, 45 cm hoch, 'Luise Uhink', weiß, 90 cm hoch, 'White Queen', weiß, 90–120 cm hoch.
Haltung: Wachsen am besten in humosem, nahrhaftem Boden im Halbschatten. Im Winter vor Frost durch eine dicke Laubschicht oder verrottenden Mist schützen.
Vermehrung: Durch Wurzelschnittlinge im Frühjahr. Wurzeln in 4–5 cm lange Stücke schneiden, und die Teile in eine tiefe Kiste mit einer Torf-Sand-Mischung setzen.
(Bild Seite 34)

Färber-Kamille
Anthemis tinctoria
Korbblütler (Compositae)

Sonnig
Gut durchlässiger Boden
Juli–September

Heimat: Süd- und Mitteleuropa, Westasien
Krautige, reichblühende, 30–60 cm hohe zwei- bis mehrjährige Staude. Aus einer spindelförmigen Wurzel entspringen aufrechte, verzweigte Stengel mit an Petersilie erinnerndem Laub und endständigen gelben Blütenkörbchen. Blätter graugrün, oberseits kahl, unterseits behaart. Es gibt mehrere Sorten: 'E. C. Buxton', blaßgelb, 60–75 cm hoch, 'Loddon', sattgelb, und 'Grallagh Gold' mit leuchtend goldgelben, fast 6,5 cm großen Blüten, beide 75–90 cm hoch, sowie 'Wargrave', zitronengelb, 60–90 cm hoch.
Haltung: In normalem, gut durchlässigem Gartenboden an sonnigem Standort. Gleich nach der Blüte abschneiden, damit vor dem Winter vom Grunde her kräftige neue Sprosse wachsen.
Vermehrung: Durch Teilung oder Aussaat im Frühjahr.
(Bild Seite 34)

Akelei
Aquilegia vulgaris
Hahnenfußgewächse (Ranunculaceae)

Sonnig–halbschattig
Beliebiger, gut durchlässiger Boden
Mai–Juni

Heimat: Europa
40–80 cm hohe Staude. Aus einem kurzen Wurzelstock entspringen aufrechte, wenig verzweigte Stengel mit dreilappigen Blättern. Die bis 5 cm langen, kurzspornigen Blüten sind bei der Wildform blauviolett, aber es gibt – z. T. auch gefüllte – Gartenformen in verschiedenen Schattierungen von Weißlichrosa bis Stahlblau. Die langspornigen Hybriden aus Nordamerika werden 90 cm hoch, das Laub ist eher blaugrün, die Farbskala der Blüten reicht von Reinweiß über Gelb, Rosa, Rosen-, Karmin- und Purpurrot bis Blau.
Haltung: Akeleien gedeihen in normaler, gut durchlässiger Erde, die aber nicht austrocknen darf. In praller Sonne welken die Blüten schnell, im Halbschatten blühen sie länger. Die nordamerikanischen Hybriden benötigen einen Winterschutz.
Vermehrung: Durch Teilung.
(Bild Seite 35)

Grasnelke
Armeria plantaginea
Bleiwurzgewächse (Plumbaginaceae)

Sonnig
Gut durchlässiger, sandiger Boden
Juni–August

Heimat: Mittel- und Südeuropa
30–50 cm hohe Staude mit lanzettlichen blaugrünen Blättern und rosafarbenen Blütenköpfen. Die reichblühende Sorte 'Bees Ruby' trägt auf kräftigen, aufrechten, glatten, 35–45 cm hohen Stielen über dichten Polstern aus langen, 8 mm breiten Blättern große, leuchtend rosarote, kugelige Blütenstände. Krautig, winterhart, eignet sich hervorragend zur Randbepflanzung. Eine gute Gartenpflanze und auch eine ausgezeichnete Schnittblume, da sie sehr lange hält.
Haltung: Grasnelken brauchen viel Sonne und gute Entwässerung und vertragen im Winter keine stauende Nässe. Sie eignen sich besonders für sandige Böden.
Vermehrung: Im Spätsommer oder Frühherbst durch Stecklinge oder im Herbst durch Teilung.

Beifuß
Artemisia lactiflora
Korbblütler (Compositae)

Sonnig
Nahrhafter, etwas feuchter Boden
September–Oktober

Heimat: Westchina
Buschige, 1–1,50 cm hohe, im Herbst blühende, winterharte Staude. Blätter dunkelgrün, 3- bis 4paarig gefiedert, unterseits kurz behaart, oberseits kahl – etwas an Petersilie erinnernd. Auf den unverzweigten, belaubten Stengeln stehen im Spätsommer verzweigte Rispen milchweißer, duftender kleiner Blüten. Eignet sich gut als Schnittblume.
Haltung: Gedeiht am besten in guter, fruchtbarer Erde bei ausreichender Feuchtigkeit. Gedeiht in sonniger Lage, wenn die Wurzeln Feuchtigkeit bekommen, verträgt aber auch Halbschatten. Wenn der Horst erschöpft ist, ausheben und die gesunden Teile am Rand in gut vorbereitete Erde wieder einpflanzen. Wird leider leicht vom Mehltau befallen.
Vermehrung: Durch Teilung im Frühjahr.

Italienischer Aronstab
Arum italicum
Aronstabgewächse (Araccac)

Halbschattig
Humoser Boden
April–Mai

Heimat: Mittelmeergebiet
Bis 60 cm hohe, winterharte Knollenpflanze. Aus einer länglichen Knolle entspringen hübsch grau und rahmweiß marmorierte, pfeilförmige Blätter, die im Frühsommer völlig vergehen, aber im Herbst von neuem sprießen. Im Frühjahr erscheinen vor den Blättern gelblich-weiße, bis 40 cm lange Blütenscheiden; aus dem buttergelben Kolben entwickeln sich im Herbst orangerote, giftige Beeren. Blüht längst nicht so leicht und so reich wie unser Gefleckter Aronstab *(A. maculatum)*, verdient aber wegen des schönen Laubes einen Platz in jedem Garten. Seit einigen Jahren wird die Sorte 'Pictum' von Floristen gern für Dekorationszwecke verwendet.
Haltung: Liebt Feuchtigkeit und gedeiht am besten im Halbschatten. Die Knollen 10 cm tief pflanzen. In kalten Wintern vor Frost schützen.
Vermehrung: Im Herbst Ableger der Knollen abnehmen.

Geißbart
Aruncus silvester
Rosengewächse (Rosaceae)

Halbschattig–schattig
Beliebiger Boden
Juni–Juli

Heimat: West-, Mittel- und Osteuropa, westliches Nordamerika
Bis 2 m hoch werdende Staude. Die aufrechten, drahtigen Stengel tragen an Farnkraut erinnerndes Laub und den Sommer über eindrucksvolle (bis 50 cm lange) Blütenstände. Die kleinen Blüten sind in der Regel eingeschlechtlich, männliche und weibliche Blüten stehen oft auf verschiedenen Pflanzen. Die etwas größeren männlichen Blüten sind gelb, die weiblichen weiß. Männliche Pflanzen blühen reicher; weibliche Samenstände können zu Trockenblumensträußen verwendet werden.
Haltung: Gedeiht am besten in tiefgründiger, fetter, fruchtbarer Erde im Halbschatten oder Schatten. Siedelt man beide Geschlechter an, so säen sie sich selbst aus.
Vermehrung: Durch Aussaat im Frühjahr oder durch Teilung im Spätherbst.
(Bild Seite 36)

Junkerlilie
Asphodeline lutea
Liliengewächse (Liliaceae)

Sonnig
Sandiger, gut durchlässiger Boden
Mai–Juni

Heimat: Südeuropa, Orient
Stattliche, bis 1 m hoch werdende Pflanze mit fleischiger gelber Wurzel. Aus einem Tuff dunkelgrüner, an Gras erinnernder, blau- und blaßgrün gestreifter Blätter entspringt ein dicht beblätterter, bis 1 m hoher Stengel. Die leuchtend gelben, duftenden, 1 cm breiten Blütensterne stehen in dichten Ähren und halten viele Wochen.
Haltung: Fühlt sich am wohlsten in gut durchlässigem, sandigem Boden; reagiert empfindlich auf zu feuchte Haltung. Die abgeblühten Ähren stehen lassen, da die dekorativen Samenstände für Blumenarrangements verwendet werden können. Im Winter durch Abdecken mit Laub schützen.
Vermehrung: Durch Teilung der Wurzeln im Frühjahr oder Frühherbst; dabei gut aufpassen, daß die wie Schnürriemen aussehenden Wurzeln nicht beschädigt werden.
Bemerkung: Hieß lange *Asphodelus luteus*.

Bergaster
Aster amellus
Korbblütler (Compositae)

Sonnig
Gut durchlässiger, nahrhafter Boden
August–September

Heimat: Europa bis Sibirien
50–70 cm hohe, reichblühende Staude. Aus einem holzigen Wurzelstock entspringen graugrüne Blätter und kräftige, verzweigte Stengel, die sich rauh anfühlen. Jeder Stengel trägt mehrere Blütenkörbchen mit goldgelber Mitte. Vier Sorten werden zur Auswahl vorgeschlagen: 'King George' mit 8 cm großen, zart blauvioletten äußeren Blütenblättern, 'Nocturne', 60 cm hoch, lila, 'Sonia', 60 cm hoch, großblütig, rosa, und 'Violet Queen', gedrungen, 45 cm hoch.
Haltung: Fühlt sich am wohlsten in nahrhafter, gut durchlässiger, leicht kalkhaltiger Erde an einem warmen, trockenen Standort. Der Wurzelstock verträgt vor allem im Winter keine Nässe. Am besten im Frühjahr pflanzen.
Vermehrung: Im Frühjahr aus grundständigen Sprossen Stecklinge schneiden oder – wenn möglich – teilen.
(Bild Seite 36–37)

Herbstaster

Aster × frikartii
Korbblütler (Compositae)

Sonnig
Nahrhafter, gut durchlässiger Boden
August–September

Heimat: Kreuzung aus *A. amellus* und *A. thomsonii*
Blüht bedeutend länger als die Zuchtformen von *A. amellus* und besitzt orangegelbe Scheibenblüten und himmelblaue Strahlenblüten. Die Sorte 'Mönch' hat kräftige, bis 90 cm hohe, verzweigte Stengel; jeder trägt eine Fülle klar lavendelblauer Blüten mit gelber Mitte, die bis zum ersten Herbstfrost halten. Jede Sammlung winterharter, krautiger Stauden sollte mindestens eine Pflanze enthalten.
Haltung: An einer freien, sonnigen Stelle in guter, gut durchlässiger Erde. Diese muß genügend Feuchtigkeit für den Bedarf der Herbstblüte enthalten, darf aber im Winter nicht zu naß sein, vor allem im Wurzelbereich. Am besten im Frühjahr pflanzen.
Vermehrung: Im Frühjahr von grundständigen Sprossen Stecklinge schneiden oder – wenn möglich – teilen.
(Bild Seite 38)

Rauhblattaster

Aster novae-angliae
Korbblütler (Compositae)

Sonnig
Nahrhafter, gut durchlässiger Boden
September–Oktober

Heimat: Nordamerika
Bis 1,5 m hoch werdende Staude mit kriechendem Wurzelstock. Die straffen Stengel sind bis zur Spitze mit hellgrünen, rauhhaarigen Blättern besetzt. Im Spätsommer und Frühherbst entfalten sich wunderschöne, bis 5 cm große Korbblüten mit gelblichen Scheiben- und rotvioletten Strahlenblüten. Es gibt mehrere schöne Sorten, die sich alle ausgezeichnet als Schnittblumen eignen. Bei trübem Wetter öffnen sich die Blüten nicht.
Haltung: Die kräftigen Pflanzen dürfen die Nährstoffe im Boden nicht erschöpfen und müssen in trockenen Herbsten gegossen werden, da der Wurzelballen nicht austrocknen darf. Sträucher gut anbinden, damit sie bei Wind und Regen nicht auseinanderfallen.
Vermehrung: Im Herbst durch Teilen der Wurzelstöcke.

Glattblattaster

Aster novi-belgii
Korbblütler (Compositae)

Sonnig
Nahrhafter Boden
September–Oktober

Heimat: Nordamerika
Bis 1,5 m hoch werdende, kahlblättrige Staude. Sieben Sorten werden zur Auswahl vorgeschlagen: die stattliche purpurrote 'Orlando', 150 cm hoch; die reinweiße, halbgefüllte 'Blandie', 105–120 cm hoch; die schön dunkelblaue 'Mistress Quickly', 120 cm hoch; die gefüllte 'Coombe Rosemary' mit 3–5 cm großen, purpurvioletten Blüten; die satt rubin- bis karminrote 'Winston Churchill', 75 cm hoch; die schöne, gefüllte, hellblaue 'Marie Ballard', 90 cm hoch; schließlich die halbgefüllte, sattrote 'Freda Ballard' mit starrem, aufrechtem, 90 cm hohem Stiel. Es gibt auch eine schöne Auswahl von reich und lange blühenden Zwerghybriden von *novi-belgii:* 'Audry', 30–40 cm hoch, mit großen blaßblauen Blüten; 'Blue Bouquet', leuchtend blau, etwa ebenso hoch; 'Lady in Blue' mit halbgefüllten, sattblauen Blüten, sehr reich blühend, nur 25 cm hoch, bildet schöne, kleine Büsche, ebenso die spätblühende 'Snowsprite', weiß, 30 cm hoch. Im rosa bis roten Bereich gibt es die prächtige halbgefüllte 'Little Pink Beauty', rosa, 40 cm hoch, die gefüllte 'Chatterbox', rosa, 45 cm hoch, und die etwa gleich hohe 'Little Red Boy', tief rosenrot.
Haltung: Alle brauchen gute Düngung, sonst ist die Erde bald erschöpft, und müssen vor Ballentrokkenheit geschützt werden. Büsche gut anbinden, damit sie nicht auseinanderfallen. Alle drei Jahre teilen und neu pflanzen.
Vermehrung: Durch Teilung im Frühjahr; dabei wählt man die kräftigsten und gesündesten äußeren Teile und wirft alle verholzten Teile rücksichtslos fort.
Schädlinge: Empfindlich für Mehltau. Bei Befall mit Schwefelblüte einstäuben.
(Bild Seite 38)

Prachtspiere
Astilbe × arendsii
Steinbrechgewächse (Saxifragaceae)

Halbschattig–schattig
Feuchter, nahrhafter Boden
Juni–August

Herkunft: Kreuzung aus *A. chinensis* mit *A. astilboides* oder *A. japonica* aus Ostasien.
60–90 cm hohe (Zwergformen bis 45 cm hoch), höchst dekorative, winterharte Stauden mit zwei- bis dreiteiligen, hell- bis dunkelgrünen Blättern und kleinen Blüten, die in federartigen Rispen stehen. Die Farbskala der *Arendsii*-Hybriden reicht von Weiß über verschiedene Schattierungen von Rosa und Rot bis zu einem leuchtenden Karminrot.
Haltung: Wachsen im Halbschatten und Schatten, gedeihen am besten in humosem, feuchtem Boden. Vor praller Sonne und Trockenheit schützen. Alte Stengel nicht vor dem Frühjahr zurückschneiden!
Vermehrung: Durch Teilung im Frühjahr. Man kann die Wurzeln aber auch im Herbst teilen und zum Treiben oder zum Auspflanzen im Frühjahr eintopfen.
(Bild Seite 39)

Große Sterndolde
Astrantia major
Doldenblütler (Umbelliferae)

Halbschattig
Feuchter Humusboden
Juni–August

Heimat: Nordspanien bis Kaukasus
30–80 cm hohe Staude. Aus dem holzigen Wurzelstock entspringen langgestielte Grundblätter und wenig belaubte, aufrechte Stengel, die mehrere Blütendolden tragen. Jede Dolde besteht aus vielen winzigen Blüten und ist von einem Kranz starrer, papierartiger, spitzer Hüllblätter umgeben. Die Blüten sind weißlich oder rötlich, ebenso die Innenseite der (außen grünlichen) Hüllblätter. Die Blätter sind handförmig geteilt. Bei der Sorte 'Sunningdale Variegated' sind sie hübsch gelb und rahmweiß gefleckt.
Haltung: An einem halbschattigen Standort auf nahrhaftem, stets feuchtem Humusboden. Nicht austrocknen lassen und vor praller Sonne schützen. Blütenstengel stützen.
Vermehrung: Durch Aussaat der Samen gleich nach der Ernte oder durch Teilung im Frühjahr.
(Bild Seite 40)

Gottvergeß
Ballota pseudodictamnus
Lippenblütler (Labiatae)

Sonnig
Gut durchlässiger Boden
Juni–August

Heimat: Nördliche gemäßigte Zone
45–60 cm hohe, buschige Pflanze, die sich gut als Bodendecker eignet. Die aufrechten Stengel tragen zahlreiche gegenständige, spitz eiförmige, grob gezähnte Blätter. In den Blattachseln entspringen zahlreiche kleine, fast unsichtbare lila Blüten. Die jungen Blätter sind blaß apfelgrün; die unteren behalten ihre Farbe, aber die oberen sind immer stärker weißwollig behaart; sie machen den Reiz der Pflanze aus. Getrocknete Pflanzen werden gern für Blumenarrangements verwendet. Vor dem Trocknen satt trinken lassen!
Haltung: Im Spätfrühling stutzen und im Winter beschädigte Blätter abschneiden.
Vermehrung: Im Frühsommer durch Stecklinge mit Augen.
(Bild Seite 41)

Färberhülse
Baptisia australis
Schmetterlingsblütler (Leguminosae)

Sonnig
Nahrhafter Gartenboden
Juni–Juli

Heimat: Östliches Nordamerika
Aufrechte, bis 1 m hoch werdende winterharte Staude. An kräftigen, verzweigten Stengeln sitzen dreigeteilte, kurzstielige, wickenartige Blätter und 23 cm lange, an Lupinen erinnernde lockere Trauben violett-blauer Blüten.
Haltung: Die Pflanze wird selten angepflanzt – vielleicht, weil es lange dauert, bis sie sich richtig eingewöhnt hat; sie braucht einen gut gedüngten Boden und einen sonnigen Standort. Im Gegensatz zu den Lupinen bleibt ihr Laub bis zum Herbst erhalten.
Vermehrung: Durch Aussaat im Frühjahr. Es dauert jedoch zwei Jahre, bis die Pflanzen fest verwurzelt sind und Blüten tragen. Teilung ist im Herbst oder zeitigen Frühjahr möglich, die Pflanzen möchten aber lieber in Ruhe gelassen werden.

Riesensteinbrech, Bergenie

Bergenia cordifolia
Steinbrechgewächse
(Saxifragaceae)

Sonnig–schattig
Beliebiger Boden
April–Mai

Heimat: Alpenweiden im Altai
Anspruchslose, 30–50 cm hohe buschige Staude mit großen, rundlichen, lederigen grünen Blättern, die zum Winter hin oft eine attraktive rötliche Tönung annehmen. Im Frühjahr stehen auf starken Stielen dichte, breite Blütenstände mit hell rosenroten Blüten (bei der Sorte 'Purpurea' leuchtend karminrot).
Es wäre unverzeihlich, die hübsche *B. stracheyi* 'Silberlicht' nicht zu erwähnen, deren zuerst reinweiße Blüten mit der Zeit eine Rosatönung annehmen.
Haltung: Äußerst anspruchslos, was Standort und Bodenbeschaffenheit betrifft. Nicht austrocknen lassen und vor Staunässe schützen.
Vermehrung: Durch Teilung im Herbst unmittelbar nach der Blüte.
(Bild Seite 41)

Kaukasus-Vergißmeinnicht

Brunnera macrophylla
Boretschgewächse
(Boraginaceae)

Halbschattig
Feuchter, nahrhafter Humusboden
April–Juni

Heimat: Subalpine Wälder im Westkaukasus
Kräftige, 30–40 cm hohe Staude mit großen, langgestielten, rauh behaarten, herzförmigen Grundblättern und kleineren lanzettlichen Stengelblättern. Die duftenden, kleinen, blauen Blüten sitzen in lockeren Trauben und erinnern an Vergißmeinnicht. Die attraktiv panaschierte Sorte 'Variegata' besitzt hübsch rahmweiß gezeichnete Blätter.
Haltung: Besonders die panaschierte Form braucht einen geschützten Platz, und die Erde darf nicht austrocknen. Damit sich die Pflanze nicht zu stark aussät, nimmt man die Blütenstände ab, sobald sie verblüht sind.
Vermehrung: Durch Wurzelstecklinge, die wie dicke, schwarze, lederne Schnürriemen aussehen, oder durch Teilung im Frühherbst. Selbst ausgesäte Pflänzchen kann man leicht verpflanzen.
(Bild Seite 42)

Ochsenauge, Rindsauge
Buphthalmum salicifolium
Korbblütler (Compositae)

Sonnig–halbschattig
Beliebiger, nicht zu feuchter Boden
Juni–August

Heimat: Mitteleuropa
30–60 cm hohe, buschige Staude. Schlanke runde, meist unverzweigte Stengel tragen schmale, spitze, an Weidenlaub erinnernde, leicht behaarte Blätter und zahlreiche endständige, 4 cm große Blütenkörbchen, die mit ihren schmalen, spitzen Zungenblüten wie goldene Sterne aussehen.
Haltung: Diese reichblühende Staude wächst fast überall, sollte aber nicht zu feucht gehalten werden. Ideal für einen Platz nahe am Rand der Rabatte.
Vermehrung: Durch Teilung der Wurzeln im Frühjahr oder Herbst, Stecklinge im Sommer oder Aussaat im Frühjahr.

Glockenblume
Campanula lactiflora
Glockenblumengewächse (Campanulaceae)

Halbschattig
Etwas lehmiger Humusboden
Juni–Juli

Heimat: Feuchte Wälder des Kaukasus
Diese prächtige Staude wird 120–150 cm hoch und besitzt einen kräftigen Wurzelstock. Die aufrechten, meist unverzweigten Stengel tragen schmale hellgrüne, breit-lanzettliche Blätter. Die Blüten stehen in einer langen Rispe. Ihre Farbe variiert vom ursprünglichen Weiß über Blaßblau bis Sattlila. 'Loddon Anna' wird 120–150 cm hoch, 'Pouffe' nur 25–30 cm. Der niedrige Busch aus hellgrünen Blättern ist im Früh- und Hochsommer wochenlang über und über mit lavendelblauen Blüten bedeckt.
Haltung: Braucht während des Wachstums Feuchtigkeit. In dem Wind ausgesetzten Gärten müssen die Stengel angebunden werden. Entwickelt sich besonders gut, wenn man sie ungestört wachsen läßt.
Vermehrung: Im Frühjahr durch Teilung oder Stecklinge.
(Bild Seite 42)

Oben: *Anchusa azurea* schmückt sich im Hochsommer mit hübschen blauen Blüten und wirkt am besten, wenn mehrere Pflanzen zusammenstehen. An ungeschützten Standorten müssen die Blütenstengel durch Erbsenreiser gestützt werden. Siehe Seite 22.

Oben: *Anemone* 'Honorine Jobert', eine wunderschöne weiße Form, entstand schon 1858 im Garten von M. Jobert durch Mutation aus einer rotblühenden Sorte. Siehe Seite 22.

Links: *Anthemis tinctoria* 'Wargrave' trägt auf 90 cm hohen Stielen leuchtend zitronengelbe Blüten. Siehe Seite 23.

Rechts oben: *Aquilegia* 'McKana'-Hybriden sind großblütig und bieten eine große Auswahl wunderschöner Farben. Siehe Seite 23.

Rechts: *Aquilegia* 'Langsporn'-Hybriden, elegante Pflanzen mit drahtigen Stielen, wachsen am besten im Halbschatten. Siehe Seite 23.

Oben: *Aster amellus* 'King George', 1914 gezüchtet, ist immer noch beliebt. Die zart blauvioletten Blüten stehen auf 60 cm hohen Stielen und halten recht lange. Siehe Seite 26.

Links: *Aruncus silvester,* eine lockere, duftige Staude, die im Sommer prächtige Ähren rahmweißer Blüten trägt. Die Pflanze benötigt viel Platz, um sich schön entfalten zu können und richtig zur Geltung zu kommen. Siehe Seite 25.

Rechts: *Aster amellus* 'Nocturne', eine empfehlenswerte Sorte mit gedrungenem, buschigem Wuchs, die im Sommer gefüllte, lilablaue Blüten trägt. Siehe Seite 26.

Oben: *Aster × frikartii* 'Mönch', eine prachtvolle Hybride, blüht eher und länger als die Formen von *Aster amellus*. Die 75 cm hohen Stengel tragen ihre lavendelblauen Blüten bis weit in den Herbst hinein. Siehe Seite 27.

Unten: *Aster novi-belgii* 'Orlando', eine Staude für den Hintergrund eines Staudenbeetes. Sie trägt im Herbst auf 150 cm hohen Stielen zahlreiche rosaviolette Blüten. Siehe Seite 28.

Oben: *Astilbe × arendsii* ist ideal für einen Garten, dessen Erde nicht austrocknet. Die zartrosa Blütenbüschel halten sehr lange. Siehe Seite 29.

Oben: *Astrantia major* ist besonders für den Liebhaber von Strohblumen sehr reizvoll. Blüht im Sommer und gedeiht im Halbschatten und in feuchter Erde. Siehe Seite 29.

Oben: *Ballota pseudodictamnus,* eine kompakte Pflanze, die weniger wegen ihrer unauffälligen violetten Blüten als wegen ihrer weißwolligen Blätter gehalten wird. Getrocknet eignet sie sich im Winter ausgezeichnet zur Innendekoration. Siehe Seite 30.

Unten: *Bergenia cordifolia* trägt im Frühjahr auf kräftigen Stengeln große Blütenstände attraktiver rosavioletter Blüten und wird im Herbst interessant durch die Bronzetönung der fleischigen Blätter. Siehe Seite 31.

Links: *Brunnera macrophylla* trägt im Frühjahr winzige blaue Blüten, die sich über die großen behaarten Blätter erheben. Eignet sich sehr gut als Bodendecker. Siehe Seite 31.

Links unten: *Campanula lactiflora* 'Pouffe', eine reizende Zwergglockenblume, die kleine grüne, über und über mit lavendelblauen Blüten bedeckte Büsche bildet.
Siehe Seite 32.

Rechts: *Centaurea macrocephala* mit auffallenden goldenen Blütenkörbchen ist im Sommer eine hübsche Bereicherung des Gartens und ein Lockmittel für viele Insekten. Siehe Seite 50.

Unten: Die Blüten von *Chelone obliqua* erinnern an einen Schildkrötenkopf. Die Pflanze wuchert gern, daher nicht in die Nähe schwächerer Pflanzen setzen. Siehe Seite 52.

Links: *Chrysanthemum maximum*, eine zuverlässige Staude, die in jeden Garten gehört. Es gibt einfache und gefüllte Formen, die sich auch alle ausgezeichnet als Schnittblumen eignen. Siehe Seite 52.

Rechts: *Convallaria majalis* erfreut uns mit ihrem frischen grünen Laub und ihren duftenden, reinweißen Blüten im Frühjahr. Bei günstigem Standort (feucht und schattig) vermehrt es sich rasch durch unterirdische Ausläufer. Siehe Seite 54.

Unten: *Cimicifuga japonica*, mit 90 cm die kleinste Art der Gattung, trägt im Hochsommer elegante Rispen schneeweißer Blüten. Gedeiht am besten in feuchter, fruchtbarer Erde. Siehe Seite 53.

Oben: *Coreopsis verticillata* trägt vom Hochsommer bis zum Herbst auf aufrechten Stengeln gelbe Sternblüten, die für Blumenarrangements ideal sind. Muß bei heißem Wetter unbedingt gut gegossen werden. Siehe Seite 55.

Rechts: *Cortaderia selloana* 'Sunningdale Silver', ein herrliches Pampasgras, trägt im Herbst herrliche rahmweiße Federbüsche und benötigt viel Platz zum Ausbreiten. Siehe Seite 55.

Unten: *Corydalis lutea* blüht den ganzen Sommer hindurch und sät sich reichlich selbst aus. Siehe Seite 56.

Oben: *Dicentra spectabilis,* eine reizende Pflanze, die schon früh im Frühsommer erblüht. Siehe Seite 59.

Unten: *Dictamnus albus* trägt im Frühsommer Trauben duftender weißer Blüten. Siehe Seite 59.

Pfirsichblättrige Glockenblume
Campanula persicifolia
Glockenblumengewächse (Campanulaceae)

Sonnig–halbschattig
Etwas lehmiger, kalkhaltiger Humusboden
Juni–August

Heimat: Europa, Kleinasien, Sibirien
Über 1 m hoch werdende, reichblühende Staude. Aus einem dicken, kriechenden Wurzelstock entspringt eine ausdauernde, grundständige Rosette hübsch dunkelgrüner Blätter. Die Stammform trägt auf aufrechten, meist unverzweigten, dünnen Stengeln zahlreiche glockenförmige blaue, selten weiße Blüten. An Zuchtformen seien genannt: 'Fleur de Neige', 75–90 cm hoch, mit 7 cm großen gefüllten weißen Blüten; 'Pride of Exmouth', 60 cm hoch, halbgefüllt, satt lavendelblau und die Neuzüchtung 'Hampstead White', 70 cm hoch, weiß.
Haltung: Gedeiht am besten an sonnigem bis halbschattigem Standort auf lehmig-humosem, etwas kalkhaltigem Boden. Im Frühjahr pflanzen. Blütenstengel stützen.
Vermehrung: Durch Teilung im Frühjahr oder durch Grundsprossen im Frühherbst.

Blaue Rasselblume
Catananche coerulea
Korbblütler (Compositae)

Sonnig
Gut durchlässiger Boden
Juli–August

Heimat: Südfrankreich, Südspanien
40–60 cm hohe Staude für sonnige Standorte. Ähnelt der Kornblume und bildet Horste grasartiger, behaarter Blätter, aus denen dünne, flaumige Stengel mit lavendelblauen, von papierartigen silbrigen Hüllblättern umgebene Blüten entspringen, die sich sehr gut für Trockensträuße eignen.
Haltung: Gedeiht am besten in praller Sonne in gut durchlässiger Erde. Um die Blütezeit zu verlängern, pflanzt man zwei oder mehr Horste und schneidet einen ab, sobald er zu blühen beginnt; dieser blüht dann später. Wenn die Pflanzen im Frühherbst zurückgeschnitten werden, kommen sie gut durch den Winter. Die Blüten können als Trockenblumen verwendet werden. Am besten alle 3 Jahre durch neue Pflanzen ersetzen.
Vermehrung: Im Herbst durch Wurzelstecklinge, im Frühjahr durch Teilung oder durch Aussaat ins Freiland.

Gelbe Flockenblume
Centaurea macrocephala
Korbblütler (Compositae)

Sonnig
Nahrhafter, etwas feuchter Humusboden
Juli–August

Heimat: Kaukasus
40–90 cm hohe Staude mit kräftigen, aufrechten Stengeln, an deren Ende kugelige Blütenstände von der Größe eines Tennisballs sitzen. Jede Kugel hat einen Kragen aus rauhen, papierartigen braunen Hüllblättern, der die goldgelben inneren Blütchen schützt. Die Sorte 'John Coutts' mit zahlreichen großen, hellrosa Blüten wird 90 cm hoch und kann viele Jahre an derselben Stelle bleiben.
Haltung: Benötigt einen sonnigen Standort und leichten, fruchtbaren Humusboden, gedeiht aber auch in kalkhaltiger Erde. Die getrockneten Blüten können sehr gut für Gestecke und Sträuße verwendet werden.
Vermehrung: Durch Teilung im Frühjahr oder Herbst.
(Bild Seite 43)

Rote Spornblume
Centranthus ruber
Baldriangewächse (Valerianaceae)

Sonnig
Kalkhaltiger, trockener Boden
Mai–Juli

Heimat: Mittelmeergebiet
Ausdauernde, bis 80 cm hohe Staude mit bläulichgrünen, lanzettlichen Blättern. Die runden, kaum verzweigten Stengel tragen dichte Trugdolden aus tiefrosa bis roten Blüten. Von dieser Wildpflanze gibt es auch Gartenformen (die roten sind prächtiger, worauf man beim Einkauf achten sollte).
Haltung: Wächst in der Heimat wild auf Felsen und Mauern, ja selbst auf Bauschutt – ein Zeichen, daß sie Kalk und Sonne liebt.
Vermehrung: Durch Teilung im Spätherbst oder Frühjahr oder durch Aussaat ins Freiland im Spätfrühling.

Schuppenkopf

Cephalaria gigantea
Kardengewächse
(Dipsaceae)

Sonnig
Nahrhafter, nicht zu trockener Boden
Juli–August

Heimat: Östliches Rußland bis Sibirien
Prächtige, ausdauernde Staude, die bis 2 m groß werden kann, mit oben zartgrünen, unten blasseren Blättern. Auf verzweigten Stengeln sitzen große hellgelbe Blütenköpfe, die mehrere Wochen halten.
Haltung: Eignet sich wegen ihrer Größe für den hinteren Rand der Rabatte oder die Mitte eines Staudenbeetes. Benötigt einen nahrhaften, nicht zu trockenen Boden und einen sonnigen Standort.
Vermehrung: Im Frühjahr durch Teilung der kräftigen Wurzeln oder durch Aussaat ins Freiland; die Keimlinge werden im Spätfrühling verpflanzt.
Bemerkung: Hieß lange *C. tartarica.*

Ceratostigma

Ceratostigma willmottianum
Bleiwurzgewächse
(Plumbaginaceae)

Sonnig–halbschattig
Lehmiger, etwas feuchter Boden
September–Oktober

Heimat: Westchina
Kleiner, bis 1,50 m hoch werdender Strauch mit kleinen, rauh behaarten grünen Blättern an zweigartigen braunen Stengeln und leuchtend blauen Blüten mit rosaroter Röhre. *C. plumbaginoides* trägt im Spätherbst auf 30 cm hohen Stengeln dunkelblaue, borstige Blüten; ideal für den Vorderrand der Rabatte.
Haltung: Gedeiht am besten auf etwas lehmigem, feuchtem Boden an einem hellen, nicht zu sonnigen Standort. Im Frühjahr zurückschneiden, damit der Strauch sich gut verzweigt und neue Sprosse bildet.
Vermehrung: Durch Stecklinge oder Teilung.

Schildblume
Chelone obliqua
Braunwurzgewächse (Scrophulariaceae)

Halbschattig
Feuchter, nicht zu nahrhafter Boden
Juli–September

Heimat: Nordamerika
Bis 60 cm hoch werdende Staude, nahe verwandt mit *Penstemon*. Die verzweigten, vierkantigen Stengel tragen dunkelgrüne, breit lanzettliche, gegenständige Blätter und eine dichte, endständige Traube von lila-rosa Rachenblüten. Blüht im Herbst mehrere Wochen lang; die Blüten sind sehr wetterbeständig, was besonders bei nassem Wetter wertvoll ist. Die kriechenden Wurzeln breiten sich stark aus, so daß bald ein Polster entsteht, weniger robuste Pflanzen können verdrängt werden.
Haltung: Gedeiht am besten im Halbschatten und benötigt einen feuchten Standort. Wirkt besonders einzeln vor einem dunklen Hintergrund.
Vermehrung: Im Frühjahr durch Aussaat oder Teilung der Wurzeln.
(Bild Seite 43)

Weiße Sommermargerite
Chrysanthemum maximum
Korbblütler (Compositae)

Sonnig
Nahrhafter, feuchter Boden
Juni–August

Heimat: Pyrenäen
50–100 cm hohe Staude, die in keinem Garten fehlen sollte. Die Blätter sind länglich-gezähnt und dunkelgrün und bilden einen schönen Kontrast zu den weißen Blüten. Diese können einfach oder gefüllt sein und einfache oder gefranste Zungenblüten besitzen. 'Esther Read', 45 cm hoch, reinweiß, gefüllt; 'Wirral Pride', 90 cm hoch, großblütig; 'Droitwich Beauty', 80–90 cm hoch, gefüllt, großblütig, mit gefransten Zungenblüten; 'Mary Stoker', 80 cm hoch, rahmgelb.
Haltung: An einen sonnigen Standort auf gute Gartenerde pflanzen und nicht austrocknen lassen. Wegen der großen flachen Tellerblüten werden die Pflanzen leicht von Regen oder Wind niedergedrückt, daher muß man für eine gute Befestigung sorgen.
Vermehrung: Im Frühjahr durch Aussaat, im Herbst durch Teilung.
(Bild Seite 44)

Silberkerze
Cimicifuga racemosa
Hahnenfußgewächse
(Ranunculaceae)

Halbschattig
Nahrhafter, feuchter Humusboden
Juli–August

Heimat: Nordamerika
Bis 1,50 m hohe Staude mit glänzend grünen, geteilten Blättern, die bei manchen Arten unangenehm riechen. Aufrechte, verzweigte Stengel tragen im Sommer lange, dichte, leicht überhängende Blütenstände mit rahmweißen Blüten.
Eine weitere schöne Art ist *C. japonica*, bis 90 cm hoch, mit schneeweißen Blüten.
Haltung: Silberkerzen gedeihen am besten in lockerem, feuchtem Humusboden an einem halbschattigen Standort.
Vermehrung: Durch Aussaat oder Teilung im Frühjahr oder im Herbst.
(Bild Seite 44–45)

Waldrebe
Clematis heracleaefolia
Hahnenfußgewächse
(Ranunculaceae)

Sonnig–halbschattig
Beliebiger, etwas feuchter Boden
August–September

Heimat: Ostchina
Bis 1 m hoch werdender Halbstrauch. Blätter dreizählig, breit-eiförmig, gezähnt und leicht behaart. An den belaubten Stengeln sitzen Büschel kleiner, herrlich duftender violettblauer, an Hyazinthen erinnernde Blüten; später sind die flauschigen Samenköpfchen ein zusätzlicher Gewinn.
Die Form *C. h. davidiana* hat große, etwas grobe Blätter und trägt sattblaue Blüten auf 90–120 cm hohen Stengeln.
Haltung: Boden stets feucht halten. Im Winter gut vor Frost schützen. Im Frühjahr Triebspitzen zurückschneiden und die toten Triebe der vergangenen Saison beseitigen. Pflanzabstand 40–60 cm.
Vermehrung: Durch Teilung während der Ruhezeit.

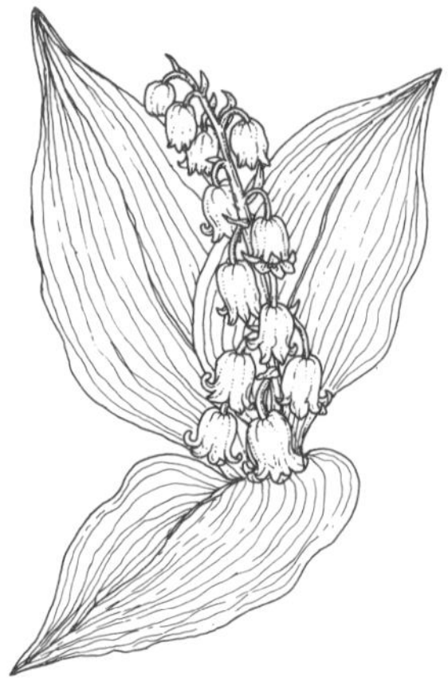

Aufrechte Waldrebe
Clematis recta
Hahnenfußgewächse (Ranunculaceae)

Sonnig
Nahrhafter Gartenboden
Juni–Juli

Heimat: Süd- und Mitteleuropa
Krautige, bis 1,5 m hohe, aufrechte Pflanze mit glänzend dunkelgrünen Fiederblättern. Schwankende Stengel tragen im Sommer zahlreiche süß duftende weiße, bis 2,5 cm große Blütensterne, im Herbst Wolken von silbrigen Samenköpfchen.
Haltung: Gedeiht in praller Sonne in gewöhnlicher Gartenerde, sollte jedoch am Fuß beschattet werden. Mulchen mit Torf oder verrottetem Mist im Frühjahr ist vorteilhaft. Ein paar Erbsenreiser um die Pflanze setzen, so daß die Stengel gestützt sind. Im Winter bis zum Erdboden zurückschneiden, den Rest vor Frost schützen.
Vermehrung: Durch Teilung.

Maiglöckchen
Convallaria majalis
Liliengewächse (Liliaceae)

Halbschattig–sonnig
Gut durchlässiger Gartenboden
Mai

Heimat: Europa, Nordamerika
10–30 cm hohe Staude mit kriechendem, gegliedertem Wurzelstock, der jedes Jahr zwei bis drei elliptisch-lanzettliche, sattgrüne Blätter treibt, aus deren Achsel ein bis zu 30 cm hoher Stengel entspringt. Dieser trägt eine einseitswendige Traube stark duftender weißer Blütenglöckchen, aus denen sich kugelige rote Beeren entwickeln. Alle Pflanzenteile sind giftig!
Haltung: Bevorzugt einen mäßig feuchten Standort in halbschattiger Lage. Im Frühherbst pflanzen, dabei die Wurzeln 7,5–10 cm tief so in die Erde legen, daß die fleischigen Knospen 2,5 cm unter der Erde nach oben zeigen. Die Erde vom Frühjahr bis Herbst feucht halten. Jedes Jahr mit verrottetem Stallmist, Gartenkompost oder Laubstreu mulchen. Vorsichtig pflücken und immer wenigstens ein Blatt von jedem Paar stehenlassen.
Vermehrung: Durch Teilung im Frühherbst.
(Bild Seite 45)

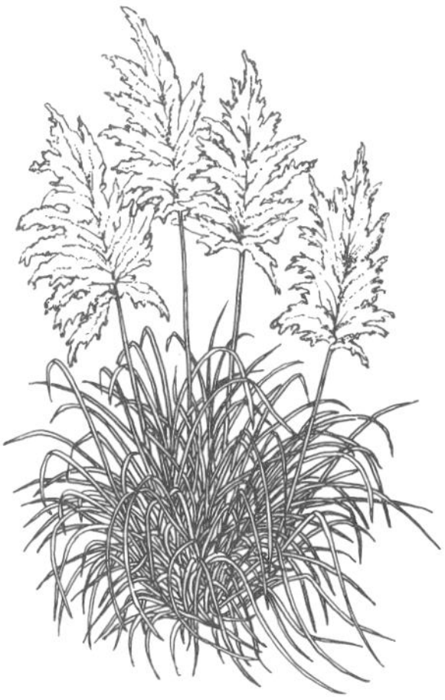

Mädchenauge
Coreopsis verticillata
Korbblütler (Compositae)

Sonnig
Sandiger, nicht zu nahrhafter Boden
Juni–August

Heimat: Östliches Nordamerika
50–70 cm hohe, aufrechte Staude mit verzweigten Stengeln, die fein geteilte hellgrüne Blätter und leuchtend gelbe, sternförmige, 4 cm große Blüten tragen. Die Blüten halten sehr lange. Die Sorte 'Grandiflora' hat größere und wärmer gelbe Blüten als die Stammform.
Haltung: Recht anspruchslose Pflanze, die am besten an einem sonnigen Standort und auf leicht sandigem Boden gedeiht. Braucht nicht hochgebunden zu werden. Bei warmem Wetter nicht austrocknen lassen; abends gießen.
Vermehrung: Durch Teilung im Frühjahr oder im Herbst.
(Bild Seite 46)

Pampasgras
Cortaderia selloana
Gräser (Gramineae)

Sonnig
Gut durchlässiger, nahrhafter Boden
September Oktober

Heimat: Argentinien, Brasilien
80–200 cm hoher, großer Busch aus schmalen graugrünen Blättern, über denen sich aufrechte, bis 275 cm hohe Stiele mit silberweißen, seidigen, Federbüschen gleichenden Ähren erheben. 'Monstrosa', 275 cm hoch, rahmweiß; 'Pumila', mit kurzen Blättern, 150 cm hoch, rahmweiß; 'Sunningdale Silver' mit weit geöffneten Ähren, rahmweiß; 'Rendatleri', 180–240 cm hoch, silbrig-rosa.
Haltung: Fühlt sich am wohlsten in leichter, mit Humus oder gut verrottetem Stallmist oder Gartenkompost angereicherter Erde an einem warmen, geschützten Standort. Im Frühjahr feucht, im Winter trocken halten. Laub nicht abschneiden, sondern die Blätter mit kräftigen Lederhandschuhen aus dem Horst ziehen. In kalten Gebieten vor Frost schützen.
Vermehrung: Im Frühjahr durch Teilung des kräftigen Wurzelballens.
(Bild Seite 10 und 47)

Gelber Lerchensporn
Corydalis lutea
Mohngewächse
(Papaveraceae)

Sonnig
Beliebiger, gut durchlässiger Boden
Mai–September

Heimat: Südwesteuropäische Gebirge
Ca. 30 cm hohe, dicht verzweigte, buschige Pflanze mit hübschen farnartigen Blättern und kleinen, leuchtend gelben Trompetenblüten in endständigen Trauben. Blüht vom Spätfrühling an den Sommer hindurch bis weit in den Herbst. Verwildert leicht, wenn sie sich erst eingewöhnt hat.
Haltung: Gedeiht am besten an einem sonnigen Platz und ist in bezug auf den Boden recht anspruchslos. Sät sich meist reichlich selbst aus und muß oft in Schranken gehalten werden.
Vermehrung: Im Frühjahr, durch Teilung oder durch Aussaat.
(Bild Seite 46)

Meerkohl
Crambe cordifolia
Kreuzblütler (Cruciferae)

Sonnig
Beliebiger Boden
Juni

Heimat: Kaukasus, Innerasien
Bis 2 m hoch werdende kohlartige Staude mit rübenartiger Wurzel und dicken, 30–90 cm langen, tief und unregelmäßig gelappten und gezähnten Blättern. Über ihnen erheben sich kräftige, 150–200 cm hohe Stengel mit Hunderten von kleinen weißen Blüten in dichten, verzweigten Trauben. Eine Pflanze kann ebenso breit wie hoch werden.
Haltung: Diese stattliche Pflanze eignet sich am besten für einen Wild- oder einen Staudengarten und gedeiht am besten in praller Sonne. Ältere Pflanzen sollten nicht mehr versetzt, unschöne Stauden durch neue ersetzt werden.
Vermehrung: Durch Wurzelstecklinge nach der Blüte oder im Frühjahr durch Aussaat ins Freiland; es dauert allerdings drei Jahre, bis die Keimlinge blühen.

Montbretie
Crocosmia masonorum
Schwertliliengewächse
(Iridaceae)

Sonnig–halbschattig
Leichter, sandiger, gut durchlässiger Boden
Juli–August

Heimat: Südafrika
80–100 cm hoch werdendes Knollengewächs mit hellgrünen, schwertförmigen Blättern und in lockeren Rispen angeordneten, feurig orangefarbenen, trichterförmigen Blüten.
Haltung: Knollen mit 15 cm Abstand pflanzen und 3–4 Jahre sich selbst überlassen, so daß ein prächtiger Horst entsteht. In kalten Gebieten durch Abdecken mit Laub oder Torfmull vor Frost schützen.
Vermehrung: Durch Abtrennen der Brutknollen.

Antholyze
Curtonus paniculatus
Schwertliliengewächse
(Iridaceae)

Sonnig
Leichter, gut durchlässiger Boden
August–September

Heimat: Südafrika
Knollengewächs mit bis zu 60 cm langen, 3–8 cm breiten, schwertförmigen, dunkelgrünen Blättern. Zahlreiche orangerote Blüten, ähnlich denen von Montbretien, stehen in verzweigten Rispen auf bis zu 120 cm hohen Stengeln.
Haltung: Mag keine schweren, nassen Böden, gedeiht an einem sonnigen Standort in leichter, gut durchlässiger Erde. Vor dem Pflanzen Laubstreu und scharfen Sand untermischen; die Knollen 5 cm tief legen. Binnen drei Jahren zeigen sich über der Erde zahlreiche Knollen, die einen dicken Haufen bilden. Dieser wird im Frühjahr ausgehoben, geteilt und umgepflanzt. Unbedingt gut vor Frost schützen.
Vermehrung: Durch Teilung im Frühjahr.
Bemerkung: Hieß früher *Anthylyza paniculata*.

Garten-Rittersporn
Delphinium-Hybriden
Hahnenfußgewächse
(Ranunculaceae)

Sonnig–halbschattig
Gut durchlässiger, nahrhafter Boden
Juni–September

Heimat: Die Vorfahren des Garten-Rittersporns stammen aus Vorder- und Mittelasien
Buschige, 60–120 cm hohe Pflanzen mit tief eingeschnittenen sattgrünen Blättern und aufrechten Stengeln, die schlanke Ähren einfacher oder gefüllter weißer, blauer oder violetter Blüten tragen. Folgende Sorten seien genannt: 'Wendy', enzianblau, 120 cm hoch; 'Pink Sensation', kirschrotrosa, 90 cm hoch; 'Moerheim', weiß, 90 cm hoch; 'Naples', halbgefüllt, leuchtend blau, 90 cm hoch.
Haltung: Bevorzugt einen sonnigen, windgeschützten Standort und muß während der Wachstumszeit reichlich gegossen werden. Rechtzeitig anbinden, damit die kräftigen Blütenähren bei Wind oder Regen nicht umknicken oder abbrechen.
Vermehrung: Im Frühjahr, durch Teilung oder durch Stecklinge im ungeheizten Vermehrungskasten.

Gartennelke
Dianthus caryophyllus
Nelkengewächse
(Caryophyllaceae)

Sonnig
Gut durchlässiger, nahrhafter Boden
Juni–August

Heimat: Mittelmeergebiet
25–90 cm hohe Staude mit graugrünen, linealischen, glattrandigen Blättern und knotigen, graugrünen Stengeln, an deren Ende gefüllte oder ungefüllte, duftende Blüten sitzen. In vielen verschiedenfarbigen Sorten erhältlich.
Haltung: Gartennelken pflanzt man im Frühjahr nach den letzten Frösten. Sie bevorzugen gut durchlässige, lockere Erde mit viel Humus, verrottetem Stallmist und Gartenkompost sowie reichlich Kalk oder alten Bauschutt, gedeihen aber auch in sauren Böden. Nach der Blüte zurückschneiden, um die Bildung neuer Sprosse zu fördern, mit deren Hilfe sie den Winter überstehen und die zur Vermehrung dienen. Große Sorten brauchen eine Stütze. Im Winter vor Nässe und Frost schützen.
Vermehrung: Durch Stecklinge von nichtblühenden Grundsprossen, durch Absenker im Hochsommer oder durch Aussaat im Spätwinter.

Tränendes Herz
Dicentra spectabilis
Mohngewächse (Papaveraceae)

Halbschattig
Nahrhafter, feuchter Humusboden
April–Mai

Heimat: Ostasien
60–90 cm hohe, buschige Pflanze, die sehr zart und zerbrechlich aussieht, mit graugrünem, farnartigem Laub und kräftigen Stengeln, die anmutig gebogene Rispen hängender, herzförmiger, außen karminroter, innen weißer Blüten tragen.
Haltung: Als Standort empfiehlt sich ein windgeschützter Platz im Schutz einer Mauer oder immergrüner Sträucher. Jedes Frühjahr mit Laubstreu oder gut verrottetem Gartenkompost mulchen. Im Winter und im Frühjahr vor Frost schützen. Schöne, haltbare Schnittblume. Im Herbst eingetopfte Wurzeln können im ungeheizten Gewächshaus zur Blüte gebracht werden.
Vermehrung: Im Frühjahr durch mit einem scharfen Messer abgeschnittene Wurzelstücke oder Wurzelstecklinge, die in einen ungeheizten Kasten gesetzt werden.
(Bild Seite 48)

Weißer Diptam
Dictamnus albus
Rautengewächse (Rutaceae)

Sonnig–halbschattig
Gut durchlässiger, nahrhafter Boden
Mai–Juni

Heimat: Südeuropa bis Ostasien; in Süddeutschland selten
Ausdauernde, 60–100 cm hohe Staude mit verzweigtem Wurzelstock, aus dem aufrechte Stengel mit glatten, hellgrünen Fiederblättern und endständigen Blütentrauben entspringen. Die Blüten sind meist rosa mit dunkelroter Äderung, seltener weiß oder dunkelrot, und haben sehr lange Staubfäden. In Gärten sieht man häufig *D. a. purpureus*, 90 cm hoch, mit zartlila, rotgeäderten Blüten.
Haltung: Bevorzugt einen sonnigen, trockenen Standort und nahrhaften Boden. Bei sehr trockenem Wetter gießen. Die sehr tief wurzelnde Pflanze kann jahrelang an einer Stelle bleiben.
Vermehrung: Durch Wurzelstecklinge im Spätherbst oder Winter, durch Teilung im Frühjahr oder durch Aussaat gleich nach der Samenreife.
(Bild Seite 48)

Trichterschwertel
Dierama pulcherrima
Schwertliliengewächse
(Iridaceae)

Sonnig
Leichter, sandiger Boden
September–Oktober

Heimat: Südafrika
Knollenpflanze mit 60 cm langen, grasartigen, immergrünen Blättern und 150 cm hohen, anmutig gebogenen Stengeln, die endständige Rispen hängender, violett- bis altrosa Blüten tragen. Die oberen öffnen sich zuerst, was ungewöhnlich ist.
Haltung: Gedeiht am besten in praller Sonne, die Wurzeln breiten sich jedoch gern im Schatten aus. Braucht in dem Wind ausgesetzten Gärten einen geschützten Platz. Knollen im Spätfrühling 8–10 cm tief in lockere, feuchte, gut durchlässige Erde pflanzen und mit scharfem Sand umgeben. Wenn sie fest verwurzelt sind, in Ruhe lassen, bis sie dicht stehen. Im Winter durch Abdecken mit Laub oder Torf vor Frost schützen.
Vermehrung: Durch Ableger. Läßt sich auch aus Samen ziehen, die sehr schnell keimen.

Großblütiger Fingerhut
Digitalis grandiflora
Braunwurzgewächse
(Scrophulariaceae)

Halbschattig–sonnig
Normaler Gartenboden
Juni–Juli

Heimat: Pyrenäen bis Kleinasien und Westsibirien; in Mitteleuropa selten
Bis 1 m hoch werdende Staude mit außen blaß rahmgelben, innen braun geäderten, 5 cm langen, typischen Fingerhutblüten; diese sind kleiner, aber zahlreicher. Die 40–100 cm hohen Stengel tragen wechselständige, lanzettliche, gezähnte Blätter. Die ganze Pflanze ist behaart. Sehr giftig!
Haltung: Fingerhüte wachsen in normaler Gartenerde an einem halbschattigen bis sonnigen Platz. Die Pflanzen dürfen bei heißem Wetter nicht austrocknen! Im Winter vor Nässe schützen, da sonst die Wurzeln faulen.
Vermehrung: Im Frühjahr durch Teilung oder durch Aussaat ins Freiland. Wenn die Keimlinge blühen, schwächliche Pflanzen ausmerzen.

Herzblättrige Gemswurz
Doronicum columnae
Korbblütler (Compositae)

Sonnig–halbschattig
Nahrhafter Gartenboden
Mai–Juni

Heimat: Ostalpen, Balkan, Kleinasien
Aufrechte, 30–60 cm hohe Staude, die den Garten mit ihren großen gelben Blütensternen gleich nach dem Verblühen der frühen Narzissen schmückt. Die glatten, herzförmigen, gezähnten Blätter sind leuchtend grün und ziehen nach der Blüte nicht ein; die leuchtend gelben Blüten stehen auf leicht belaubten, drahtigen Stengeln. Wirkt am besten in Gruppen zu fünf oder sechs. Blüht mehrere Wochen und ist eine ausgezeichnete Schnittblume.
Haltung: Nicht austrocknen lassen, damit die Pflanzen im Herbst noch einmal blühen. Sie müssen alle 3–4 Jahre geteilt werden.
Vermehrung: Durch Teilung im Frühherbst oder Frühjahr oder durch Aussaat.
(Bild Seite 65)

Schönranke
Eccremocarpus scaber
Bignoniengewächse (Bignoniaceae)

Sonnig
Nahrhafter Boden
Juni–Oktober

Heimat: Chile
Immergrüne, staudige Kletterpflanze mit 3,70–4,60 m langen Sprossen. Blätter gegenständig, farnartig. Der gemeinsame Blattstiel endet in einer Ranke, mit der die Pflanze sich festklammert. Jeweils 10–20 orangegelbe und orangerote, röhrenförmige Blüten bilden lockere, 15–25 cm lange Trauben.
Haltung: Muß in feuchtkalten Gebieten als einjährige Pflanze behandelt werden. Erst im späten Frühjahr pflanzen, am besten im Schutz einer besonnten Mauer. Gedeiht in Böden aller Art mit Ausnahme von Kalkböden. Jedes Frühjahr alle toten oder erfrorenen Teile abschneiden und ein paar Haupttriebe kürzen, damit sich neue bilden.
Vermehrung: Im Frühjahr durch Aussaat in einen Glaskasten bei 13° C oder im Herbst durch Stecklinge aus älteren Sprossen im geheizten Kasten.

Sonnenhut
Echinacea purpurea
Korbblütler (Compositae)

Sonnig–halbschattig
Gut durchlässiger Boden
Juli–September

Heimat: Nordamerika
Aufrechte, 70–100 cm hohe Staude mit robusten Stengeln und rauhen, dunkelgrünen, spitz-eiförmigen, scharf gesägten Blättern. Die Blütenköpfchen haben satt rötlichviolette Strahlenblüten und orangebraune Blütenscheiben. Von den vielen Sorten seien genannt: 'The King', 120 cm hoch, und 'Robert Bloom', 90 cm hoch, mit breiten, karmin-violetten Strahlenblüten; die Bressingham-Hybriden, ebenfalls 90 cm hoch, bieten eine Vielfalt von Farben und sind sehr lohnend.
Haltung: Bevorzugt einen sonnigen Standort und einen nicht zu trockenen Boden. Am besten im Frühjahr pflanzen und dabei der Erde Laubstreu oder gut verrotteten Kompost zusetzen. Pflanzabstand 50–60 cm.
Vermehrung: Im Frühjahr durch Aussaat oder Wurzelstecklinge, im Herbst durch Teilung.
Bemerkung: Hieß früher *Rudbeckia purpurea*.
(Bild Seite 66)

Kugeldistel
Echinops ritro
Korbblütler (Compositae)

Sonnig
Sandiger Lehmboden
Juli–September

Heimat: Spanien bis Palästina; in Mitteleuropa verwildert
Robuste, distelartige, bis 1 m hohe Staude mit riemenartigen Wurzeln, tief eingeschnittenen, stacheligen, oberseits graugrünen, unterseits grauwollig behaarten Blättern und stahlblauen, kugeligen Blütenköpfen. Ausgezeichnete Futterpflanze für Bienen. Die Sorte 'Taplow Blue' ist 150 cm hoch, dunkelblau mit metallischem Glanz; 'Veitch's Blue' ist etwas satter blau. Es gibt auch eine weiße Form, *E. nivalis* bzw. *niveus*.
Haltung: Bevorzugt einen sonnigen Standort und etwas kalkhaltigen, sandigen Lehmboden. Der Boden sollte gut durchlässig und, da sie sehr tief wurzelt, tiefgründig sein.
Vermehrung: Durch Wurzelstecklinge im Spätherbst oder Winter oder durch Teilung im Herbst oder Frühjahr.
(Bild Seite 67)

Berufkraut, Feinstrahl
Erigeron-Hybriden
Korbblütler (Compositae)

Sonnig
Nahrhafter, gut durchlässiger Gartenboden
Juni–August

Heimat: Die Gattung ist weltweit verbreitet
50–80 cm hohe, aufrechte Stauden mit verzweigten Stengeln, glatten, lanzettlichen Blättern und feinstrahligen Blütenkörbchen. Die Blüten der Gartenhybriden zeigen verschiedene Schattierungen von Blau, Rosa, Lila oder Violett. Genannt seien 'Quakeress', blaßblau, 'Charity', hellrosa, und 'Darkest of All', tief violettblau, alle ca. 60 cm hoch. Von niedrigen Sorten werden empfohlen 'Prosperity', hellblau, gefüllt, nur 45 cm hoch, oder 'Dimity', rosa, zwergig.
Haltung: Berufkräuter lieben die Sonne, die Erde sollte gut wasserdurchlässig sein. Im Frühjahr pflanzen – ca. 6 auf 1 m². Nach der Blüte im Sommer kräftig zurückschneiden, um eine zweite Blüte im Herbst anzuregen.
Vermehrung: Im Frühjahr durch Aussaat ins Freiland oder durch Teilung im Frühjahr oder Herbst.

Pyrenäen-Edeldistel
Eryngium bourgatii
Doldenblütler (Umbelliferae)

Sonnig
Fruchtbarer, gut durchlässiger Boden
Juli–August

Heimat: Spanien (Pyrenäen)
30–40 cm hoher Strauch mit zähen, spärlich belaubten, oben verzweigten Stengeln und graugrünen, stark zerteilten, stacheligen, weiß geaderten Blättern und blaugrünen Blüten.
Haltung: Vor Staunässe unbedingt bewahren! Sonnig plazieren und am besten kalkhaltigen, sandigen Boden anbieten.
Vermehrung: Durch Wurzelstecklinge im Spätwinter oder durch Aussaat im zeitigen Frühjahr.
(Bild Seite 67)

Wasserdost
Eupatorium purpureum
Korbblütler (Compositae)

Sonnig–halbschattig
Beliebiger, nahrhafter Boden
Juli–September

Heimat: Nordamerika
Hübsche Staude mit aufrechten, 150–180 cm hohen rötlichen Stengeln und großen, verzweigten, flauschigen Blütenständen in verschiedenen Schattierungen von Rosa bis Violett. Die elliptischen, scharf gezähnten Blätter sind unterseits leicht behaart und stehen zu 3–4 quirlig um den Stengel. Die Sorte 'Atropurpureum' besitzt rosalila Blüten und rötliche Blätter.
Haltung: Gibt ihr Bestes nur in guter, fetter Erde. Darf nicht hungern; Mulchen im Frühjahr mit gut verrottetem Stallmist oder gutem Gartenkompost ist vorteilhaft. Muß in einer großen Rabatte ein gutes Stück hinter niedrigen Pflanzen stehen, damit sie diese nicht verbirgt.
Vermehrung: Durch Teilung im Herbst oder Aussaat im Frühjahr.
(Bild Seite 68)

Strauchige Wolfsmilch
Euphorbia characias
Wolfsmilchgewächse (Euphorbiaceae)

Sonnig–schattig
Nahrhafter, etwas durchlässiger Boden
Zeitiges Frühjahr

Heimat: Südeuropa und Nordwestafrika
Bis 1 m hoch werdender, kräftiger, am Grunde verholzender Halbstrauch mit mehreren unverzweigten, überhängenden Sprossen, die oben lederige, lanzettliche, graugrüne Blätter tragen. Die unscheinbaren Blüten sind von einer becherförmigen grünen, innen rötlichpurpurnen Hochblatthülle umgeben und erscheinen in großen Dolden. *E. ch. wulfenii* wird bis 150 cm hoch und hat größere Dolden; das Innere der Hülle ist gelblich.
Haltung: Bevorzugt einen sonnigen Standort und durchlässigen, etwas kalkhaltigen Boden. Nach der Blüte vergehen die Stengel und müssen beseitigt werden.
Vermehrung: Im Frühjahr durch Aussaat oder weichholzige Stecklinge.
Bemerkung: Der weiße Milchsaft kann Hautreizungen verursachen.

Oben: *Doronicum columnae* 'Miss Mason' erblüht schon früh im Jahr. Die gelben Blütensterne eignen sich ausgezeichnet als Schnittblumen und halten auch in der Vase recht lange. Siehe Seite 61.

Links: *Echinacea purpurea,* eine stattliche, starkwüchsige Staude, die zum guten Wachstum viel Sonne und Wärme benötigt. Die bunten Blüten erscheinen im Hochsommer. Siehe Seite 62.

Rechts: *Echinops ritro,* eine robuste Pflanze mit stacheligen Blättern, deren große, kugelige, blaue Blütenstände sich sehr gut für Trockenblumensträuße eignen. Siehe Seite 62.

Unten: *Eryngium bourgatii* eignet sich ebenfalls – auch wegen ihrer dekorativen graugrünen Blätter – für »Langzeitblumengestecke«. Siehe Seite 63.

Oben: *Euphorbia griffithii* 'Fireglow' treibt grundständige Sprosse mit roter Spitze, die sich nach und nach reizend grün belauben und sich im Frühsommer mit prächtigen orangeroten Hüllblättern schmücken. Siehe Seite 81.

Links: *Eupatorium purpureum* 'Atropurpureum' erfreut zum einen durch seine lilafarbenen Blütenstände, zum andern im Herbst durch die Rotfärbung der Blätter. Siehe Seite 64.

Rechts: *Festuca glauca* bildet einen dichten Tuff und eignet sich gut für die erste Reihe einer Rabatte als Auflockerung zwischen blühenden Stauden. Siehe Seite 81.

Oben: *Galega officinalis* trägt auf verzweigten Stengeln kleine, wickenartige Blüten. Wegen des kriechenden Wuchses sollte die Pflanze nicht zu sehr von anderen Stauden umringt sein. Siehe Seite 83.

Rechts: *Filipendula purpurea,* eine prächtige Staude, die zu mehreren gepflanzt einen herrlichen Farbfleck ergibt. Siehe Seite 82.

Unten: *Galtonia candicans,* eine Zwiebelpflanze, die im Spätsommer duftende weiße Blüten hervorbringt. Siehe Seite 84.

Links: *Gentiana asclepiadea,* ein höchst attraktiver Enzian mit glänzend grünen, an Weiden erinnernden Blättern, dessen sattblaue Blüten im Frühherbst erscheinen. Verbreitet sich – in Ruhe gelassen – von selbst. Siehe Seite 84.

Rechts: *Gypsophila paniculata* hüllt sich im Hochsommer in einen weißen Blütenschleier. Wurzelt tief und braucht zum Anwurzeln gut vorbereitete Erde und pralle Sonne. Siehe Seite 87.

Unten: *Helenium autumnale* 'Wyndley' trägt auf aufrechten Stengeln große, kupfrig gelbe Blütenkörbchen. Siehe Seite 87.

Links: *Helianthus decapetalus* ist eine kräftige Pflanze mit großen Blüten auf starken, bis 150 cm hohen Stengeln, die eine Stütze benötigen. Siehe Seite 88.

Rechts: *Helleborus corsicus* hat hübsche, dreilappige Blätter und trägt vom Winter bis zum zeitigen Frühjahr bezaubernde blaßgrüne, becherförmige Blüten. Siehe Seite 89.

Unten: *Hemerocallis* 'Pink Damask', eine empfehlenswerte Sorte, mit wunderschönen, lilienähnlichen, rosafarbenen Blüten. Diese prächtigen Pflanzen lasse man ungestört in guter Erde wachsen. Siehe Seite 90.

Oben: *Heuchera sanguina* 'Red Spangles', eine der besten Sorten, trägt auf schlanken, bis zu 50 cm hohen Stengeln blutrote, glockige Blüten.
Siehe Seite 91.

Rechts: *Hosta rectifolia* 'Tall Boy' braucht viel Platz. Siehe Seite 92.
Unten: *Hosta fortunei* 'Albopicta Aurea', wird hauptsächlich ihrer Blattfärbung wegen gepflegt. Siehe Seite 92.

Oben: *Iberis sempervirens,* ein Halbstrauch mit dunklen, immergrünen Blättern, der sich im Frühjahr und Frühsommer mit weißen Blüten schmückt und sich hauptsächlich zur Randbepflanzung eignet.
Siehe Seite 92.

Links: *Inula helenium* trägt auf drahtigen Stengeln mit dichtstehenden, schmalen Blättern viele endständige, tiefgelbe Blüten. Gedeiht an feuchten Stellen.
Siehe Seite 93.

Unten: *Incarvillea mairei* bringt im Frühsommer wunderschöne violettrosa Blüten mit gelbem Schlund hervor. Da die Pflanze nicht sehr hoch wird, ist sie ideal für die erste Reihe einer besonnten Rabatte.
Siehe Seite 93.

Oben: *Iris sibirica* 'Heavenly Blue' erblüht im Frühsommer und trägt dann sehr schön gezeichnete sattblaue Blüten. Siehe Seite 95.

Himalaya-Wolfsmilch
Euphorbia griffithii
Wolfsmilchgewächse (Euphorbiaceae)

Sonnig–halbschattig
Nahrhafter Boden
Mai–Juni

Heimat: Himalaya
Bis 45 cm hohe, buschige Staude mit aufrechten Stengeln, die im Frühsommer hellgelbe, von orangeroten Hochblättern umhüllte Blüten tragen. Die Sorte 'Fireglow' wird bis 75 cm hoch und verfärbt sich im Herbst braunrot.
Haltung: Gedeiht am besten an einem freien, sonnigen Standort. Rötliche, spargelähnliche, grundständige Sprosse, die sich langsam ausbreiten, entwickeln sich bald zu dunkelgrünen, unterseits rötlichen Blättern. Die Wurzeln können wuchern, aber dem Verehrer der Pflanze dürfte das nichts ausmachen.
Vermehrung: Durch Teilung im Frühjahr oder Herbst.
(Bild Seite 68–69)

Blauschwingel
Festuca glauca
Gräser (Gramineae)

Sonnig
Gut durchlässiger, sandiger Boden
Mai–Juni
Heimat: Alpen
15–20 cm hohes, kompaktes, anspruchsloses Gras, das dichte, adrette Horste aus schmalen blaugrünen oder blaugrauen Blättern bildet und ab Ende Mai in kleinen Ähren erblüht. Etwa ebenso hoch ist der amethystblaue Regenbogenschwingel *(F. amethystina)*; *F. punctoria* ist dagegen nur 15 cm hoch und stahlblau.
Haltung: Im Frühherbst oder Frühjahr pflanzen. Alle Schwingel mögen pralle Sonne und fühlen sich am wohlsten in gut durchlässiger, trockener Erde. Sie wachsen langsam und brauchen mehrere Jahre nicht umgepflanzt zu werden. Ideal für die erste Reihe der Rabatte oder für Randbepflanzung.
Vermehrung: Durch Aussaat im Frühjahr oder durch Teilung im Frühherbst oder Frühjahr.
(Bild Seite 69)

Purpur-Mädesüß
Filipendula purpurea
Rosengewächse (Rosaceae)

Halbschattig–sonnig
Feuchter Boden
Juni–August

Heimat: Japan
60–120 cm hohe Staude. Der kriechende, verzweigte Wurzelstock treibt zahlreiche verzweigte, karminrote Stengel mit handförmig geteilten Blättern und zahlreichen doldigen Blütenständen mit vielen winzigen karminroten Blüten.
Haltung: Gedeiht am besten im Halbschatten in fetter, fruchtbarer, feuchter Erde. Stets für ausreichende Feuchtigkeit sorgen! Bei sumpfigem Standort entwickelt sich die Pflanze zu einem riesigen Busch.
Vermehrung: Im Herbst durch Teilung oder durch Aussaat unter Glas in Schalen oder Kisten.
Bemerkung: Wird in Katalogen und Gartencentern vielfach noch als *Spiraea palmata* geführt. (Als Spiräen werden oft auch die zu den Steinbrechgewächsen gehörenden Prachtspieren *[Astilbe]* bezeichnet.)
(Bild Seite 71)

Frankoa, Brautstrauß
Francoa sonchifolia
Steinbrechgewächse (Saxifragaceae)

Sonnig
Beliebiger, gut durchlässiger Boden
Mai–Juli

Heimat: Chile
45–60 cm hohe, anmutige Pflanze mit tief gelappten dunkelgrünen Blättern und aufrechten, stabähnlichen Stengeln, die im Hochsommer zahlreiche endständige Trauben aus tiefrosa und weißen Blüten tragen. Blütenblätter am Grunde rot gefleckt. Die wunderschönen Blüten sind langlebig und sehen selbst nach dem Verblühen noch eine ganze Zeit recht attraktiv aus.
Haltung: Am besten im Frühjahr pflanzen, in beliebige, gut durchlässige Erde an eine geschützte, sonnige Stelle.
Vermehrung: Im Frühjahr durch Teilung oder durch Aussaat unter Glas.

Kokardenblume
Gaillardia aristata
Korbblütler (Compositae)

Sonnig
Gut durchlässiger Gartenboden
Juni–September

Heimat: Nord- und Mittelamerika
60–90 cm hohe Staude mit weichen, breiten, lanzettlichen Blättern, die eine bodennahe Rosette bilden. Auf verzweigten, schwach belaubten Stengeln sitzen große, tellerförmige Blüten in vielen Schattierungen von Gelb, Bronze, Orange, Feuerrot, Braun und Rotbraun. Alle Teile der Pflanze sind rauh behaart.
Haltung: Bevorzugt einen sonnigen Standort und durchlässige, am besten kalkhaltige Erde, die nicht zu feucht gehalten werden sollte. Höher wachsende Stauden müssen befestigt werden. Die Kokardenblume ist kurzlebig und sollte nach 2–3 Jahren ersetzt werden. Abgeblühte Blüten entfernen, um die Lebensdauer der Pflanze zu verlängern. Im Winter vor Frost schützen.
Vermehrung: Im Frühsommer durch Aussaat direkt ins Freiland, im Herbst durch Stecklinge oder Wurzelschnittlinge.
Bemerkung: Auch bekannt als *G. grandiflora*.

Geißraute
Galega officinalis
Schmetterlingsblütler (Leguminosae)

Sonnig
Beliebiger Boden
Juli–August

Heimat: Mittel- und Südeuropa
50–150 cm hohe Pflanze mit zähen, verzweigten Stengeln, die längliche, unpaarig gefiederte Blätter und kleine, wickenartige, hellviolette Blüten in aufrechten, achselständigen Trauben tragen. Es gibt auch eine weiße Sorte, 'Candida'.
Haltung: Im Herbst oder zeitigen Frühjahr pflanzen und genügend Platz zur Entfaltung lassen (Pflanzabstand ca. 60 cm). Gedeiht in guter, genügend feuchter Erde an einem sonnigen Platz. Gehört wegen des etwas »unordentlichen« Wuchses an den Hinterrand der Rabatte, wo sie durch andere Stauden verdeckt wird, wenn die Blüten verwelkt sind und die Pflanze etwas mitgenommen aussieht. Rechtzeitig Erbsenreiser setzen, so daß die Pflanze hindurchwachsen kann und genügend Festigkeit bekommt.
Vermehrung: Durch Teilung im Herbst oder Frühjahr.
(Bild Seite 70)

Riesenhyazinthe
Galtonia candicans
Liliengewächse (Liliaceae)

Sonnig
Tiefgründiger, fruchtbarer Boden
Juli–September

Heimat: Natal
Über 1 m hoch werdende Zwiebelpflanze mit langen, graugrünen, grundständigen Blättern. Auf kräftigen, 90–120 cm hohen röhrenartigen Stielen sitzen endständige Trauben aus großen, weißen, duftenden Glockenblüten.
Haltung: Gedeiht am besten in sonniger Lage auf sandig-humosem Lehmboden. Die Zwiebeln müssen 15 cm tief gelegt und im Winter abgedeckt werden, da sie nicht ganz winterhart sind. Eingewöhnte Pflanzen sich selbst überlassen.
Vermehrung: Durch Abnahme von Ablegern im Frühjahr (aber nicht zu oft), durch Aussaat ins Freiland, sobald die Samen reif sind oder unter Glas im Frühjahr. Vermehrt sich leicht durch selbstausgesäte Keimlinge.
(Bild Seite 70)

Schwalbenwurz-Enzian
Gentiana asclepiadea
Enziangewächse (Gentianaceae)

Halbschattig–schattig
Feuchter Humusboden
August–September

Heimat: Gebirge West- und Mitteleuropas
40–60 cm hohe Staude mit anmutig gebogenen Stengeln, die glänzende, an Weidenlaub erinnernde Blätter tragen. Im Frühherbst entspringen aus den Blattachseln 1–3 himmelblaue, fast blauviolette Trichterblüten.
Haltung: Im Frühjahr fest einpflanzen. Gedeiht am besten im gefilterten Sonnenschein und auf feuchter, auch kalkhaltiger Erde mit einem großen Anteil von Humus, z. B. verrotteter Laubstreu. Ältere Exemplare nicht mehr verpflanzen.
Vermehrung: Durch Teilung im Frühjahr oder durch Aussaat, sobald die Samen reif sind. Die Keimlinge blühen frühestens nach zwei Jahren. Eingewöhnte Pflanzen säen sich selbst aus und verwildern.
(Bild Seite 72)

Kaukasus-Storchschnabel

Geranium platypetalum
Storchschnabelgewächse
(Geraniaceae)

Sonnig–halbschattig
Gut durchlässiger Boden
Juni–August

Heimat: Kaukasus bis Iran
50–60 cm hohe Staude mit handförmig gelappten, fein behaarten Blättern und bis 5 cm großen lavendelblauen, dunkler geäderten Blüten. Blüht reich vom Frühsommer an und kann durch Abschneiden der verblühten Stengel zu erneuter Blüte angeregt werden. Im Herbst verfärben sich die Blätter orangefarben bis rot.
Haltung: Bevorzugt durchlässigen Gartenboden und eine sonnige Lage, gedeiht aber auch im Halbschatten. Verträgt ziemliche Trockenheit. Im Herbst oder Frühjahr pflanzen, 5 Pflanzen auf 1 m^2.
Vermehrung: Durch Wurzelteilung im Herbst oder Frühjahr.

Felsen-Storchschnabel

Geranium macrorrhizum
Storchschnabelgewächse
(Geraniaceae)

Sonnig
Gut durchlässiger, kalkhaltiger Boden
Juni–Juli

Heimat: Kalkgebirge von den Alpen bis zum Balkan
Ausgezeichneter, bis 30 cm hoher Bodendecker mit dickem Wurzelstock und bis zu 1 m langen, kriechenden Trieben. Die handförmig gelappten, über 5 cm breiten hellgrünen, unterseits rötlichvioletten Blätter sind flaumig behaart und duften aromatisch. Im Frühsommer erscheinen zahlreiche weiße, rosa gefleckte Blüten, die zu mehreren auf 30 cm hohen Stengeln stehen.
Haltung: Vor dem Pflanzen den Boden von allem Unkraut säubern, da gründliches Jäten später schwierig ist. Eignet sich vor allem für die Steingartenbepflanzung.
Vermehrung: Durch Aussaat unter Glas im zeitigen Frühjahr oder durch Teilung im Herbst oder Frühjahr.

Nelkenwurz
Geum chiloense
Rosengewächse (Rosaceae)

Sonnig–halbschattig
Gut durchlässiger Boden
Juni

Heimat: Chile
40–50 cm hohe Staude. Aus einer bodennahen Blattrosette wachsen belaubte, wenig verzweigte Stengel, die im Frühsommer leuchtend ziegelrote Blüten tragen. Dies ist vermutlich die Stammform der beiden gefüllten Sorten mit stumpfgrünen, an die von Erdbeeren erinnernden Blättern und auf ca. 60 cm hohen, aufrechten Stengeln stehenden, anemonenähnlichen Blüten, 'Mrs. Bradshaw' (rotblühend) und 'Lady Stratheden' (gelbblühend). Ganz anders ist die nur 30 cm hohe Hybride 'Borisii' mit sattgrünen, rundlichen, behaarten Blättern und einfachen, satt orangeroten Blüten. Die Sorte 'Leonard's Variety' ist auch nur 30 cm hoch.
Haltung: Anspruchslose Pflanze, die fast in jeder nicht zu trockenen, gut durchlässigen Erde in der Sonne und im Halbschatten gedeiht.
Vermehrung: Durch Teilung oder Aussaat.

Gillenie
Gillenia trifoliata
Rosengewächse (Rosaceae)

Halbschattig
Lockerer Humusboden
Juni–August

Heimat: Nordamerika
60–100 cm hohe krautige Pflanze mit doppeltgesägten, länglichen Blättern und hohen, dünnen, rötlichen Stielen, an denen kleine, sternförmige Blüten mit weißen Blütenblättern und weinrotem Kelch in lockeren Büscheln stehen. Die Kelche bleiben stehen, wenn die Blütenblätter längst abgefallen sind.
Haltung: Im Frühjahr pflanzen. Zieht Halbschatten vor, verträgt aber auch Sonne. Liebt feuchte, torfige Erde, die angereichert werden muß, z. B. mit gut verrottetem Gartenkompost.
Vermehrung: Durch Teilung im Frühherbst oder zeitigen Frühjahr. Auch durch Samen möglich, aber sehr langwierig.

Schleierkraut
Gypsophila paniculata
Nelkengewächse
(Caryophyllaceae)

Sonnig
Gut durchlässiger, kalkhaltiger Boden
Juli–August

Heimat: Südosteuropa
Bis 100 cm hoch werdende Pflanze mit graugrünen, glatten, stark verzweigten Stengeln und kleinen graugrünen Blättern. Die verzweigten Blütenstände bestehen aus zahlreichen kleinen weißen oder rosa Blüten und wirken wie ein Schleier. Die schönste gefüllte Sorte ist 'Bristol Fairy', 90 cm hoch.
Haltung: In praller Sonne und gut durchlässiger Erde problemlos. *Gypsophila* wurzelt tief, daher den Boden gut vorbereiten und mit gut verrottetem Stallmist oder Gartenkompost verbessern. Ein paar Erbsenreiser als Stützen in die Erde stecken. Im Herbst zurückschneiden.
Vermehrung: Durch Aussaat im Frühjahr oder nichtverholzte Stecklinge im Spätfrühling und Frühsommer.
(Bild Seite 73)

Sonnenbraut
Helenium-Hybriden
Korbblütler (Compositae)

Sonnig
Lehmiger Boden
Juli–Oktober

Heimat: Nordamerika
Aufrechte, 70–120 cm hohe Stauden mit länglich lanzettlichen, ungestielten Blättern und unverzweigten, runden, kahlen Stengeln, an deren Ende kreisrunde Blütenkörbchen mit dunklen Scheiben- und verschiedenfarbigen Zungenblüten sitzen. 'Wyndley', 60 cm hoch, mit großen, kupfer-gelb gefleckten, 'Crimson Beauty', 50 cm hoch, mit bräunlichroten Blüten.
Haltung: Gedeiht in fast allen Böden, zieht aber ziemlich festen Lehm vor. Darf nicht zu trocken gehalten werden und muß bei heißer und trockener Witterung im Sommer gegossen werden. Bei schweren Regenfällen können die Stengel umknicken; daher frühzeitig Stützen um die Pflanzen stecken. Wertvolle, in der Vase lange haltende Schnittblume.
Vermehrung: Durch nichtverholzte Stecklinge im Frühsommer oder durch Teilung im Herbst oder Frühjahr.
(Bild Seite 72–73)

Sonnenblume
Helianthus decapetalus
Korbblütler (Compositae)

Sonnig
Gut durchlässiger Lehmboden
August–Oktober

Heimat: Nordamerika
100–150 cm hohe, kräftige Staude mit fleischigen Wurzelstöcken, festen, aufrechten Stengeln, dünnen, rauhbehaarten Blättern und großen gelben Blütenkörbchen. Diese Art ist vermutlich die Stammform mehrerer schöner Hybriden. Genannt seien: 'Loddon Gold', gefüllt, sattgelb, 150 cm hoch; 'Triomphe de Gand', halbgefüllt, mit großen, goldgelben Blüten und kugeligem Herzen, 120–150 cm hoch; 'Morning Sun', mit anemonenartigen Blüten, aufrecht, kräftig, 120 cm hoch. Die anmutige *H. orgyalis* 'Lemon Queen' mit einfachen, zitronengelben Blüten, wird 150 cm hoch.
Haltung: Alle brauchen gut durchlässige lehmige Erde und viel Sonne. Gierige Pflanzen, die nicht darben dürfen. Alle drei oder vier Jahre teilen und umpflanzen.
Vermehrung: Durch Teilung im Herbst oder Frühjahr.
(Bild Seite 74)

Strohblume
Helichrysum angustifolium
Korbblütler (Compositae)

Sonnig
Gut durchlässiger Boden
Juli–September

Heimat: Afrika
35 cm hoher, 45–60 cm breiter Halbstrauch mit nach Curry duftendem, leuchtend silbergrauem Laub. Im Lauf des Sommers wird die Laubfärbung matter, aber selbst im Winter ist die Pflanze noch reizvoll. Im Hochsommer erscheinen flache, endständige Schirmtrauben aus kleinen gelben Blüten.
Haltung: Bevorzugt einen sonnigen Standort und nicht zu fetten Boden. Verträgt keine kalte, feuchte Erde. Wenn man nur das leuchtend silbergraue Laub haben möchte, muß man die Blütentriebe entfernen, sobald sie über die Blätter hinauswachsen – dann bildet sich frisches, junges Laub.
Vermehrung: Im Sommer durch Stecklinge mit einem Auge.

Sonnenauge
Heliopsis helianthoides var. *scabra*
Korbblütler (Compositae)

Sonnig–halbschattig
Nahrhafter Boden
Juli–September

Heimat: Nordamerika
100–150 cm hoch werdende, buschige Staude. Die kräftigen, verholzten, aufrechten Stengel tragen vom Hochsommer bis zum Frühherbst 7,5–10 cm große einfache oder gefüllte, gelbe oder orangefarbene Blüten. Die anmutige, reichblühende Sorte 'Light of Loddon' wird 105–120 cm hoch und hat anemonenartige, leuchtend gelbe Blüten, die – am Abend geschnitten – in der Vase lange halten.
Haltung: Benötigen einen nährstoffreichen, nicht zu feuchten, aber auch nicht zu trockenen Boden. Im Spätherbst Blütenstiele dicht über dem Boden abschneiden.
An einem ungeschützten Standort anbinden.
Vermehrung: Im Frühjahr durch Teilung oder Stecklinge.

Korsische Nieswurz
Helleborus corsicus
Hahnenfußgewächse (Ranunculaceae)

Halbschattig
Gut durchlässiger, nahrhafter Boden
März–Mai

Heimat: Inseln im westlichen Mittelmeer (Balearen, Korsika, Sardinien)
Buschige, 60 cm hohe Pflanze mit dreiteiligen graugrünen, lederigen Blättern mit stachelig gezähntem Rand und hängenden Blütenständen. Die blaßgrünen, becherförmigen Blüten haben ebenfalls blaßgrüne Staubgefäße. Sie halten sehr lang, eignen sich aber leider nicht als Schnittblumen.
Haltung: Bevorzugen einen halbschattigen, nicht zu trockenen Standort. Nach dem Pflanzen dauert es einige Zeit bis zur Blüte. Alte, welkende Stengel kurz über dem Boden abschneiden.
Vermehrung: Durch Aussaat im Frühjahr oder Herbst oder durch Teilung der Wurzeln.
Bemerkung: Hieß früher *H. argutifolius* und *H. lividus corsicus*.
(Bild Seite 75)

Orient-Nieswurz
Helleborus orientalis
Hahnenfußgewächse
(Ranunculaceae)

Halbschattig–schattig
Lehmhaltiger Humusboden
Februar–April

Heimat: Griechenland und Kleinasien, Südöstliches Schwarzes Meer, Transkaukasien
Immergrüne, 45 cm hohe Pflanze mit großen, offenen, becherförmigen Blüten; sehr geeignet als Bodendekker. Es gibt zahlreiche schöne Sorten in vielen Farben – reinweiß, rahmweiß, grün, rosa, rosenrot, purpurrot, dunkelviolett und fast schwarz sowie hübsch rotbraun oder karminrot gefleckt. 'Kochii', mit großen, grob gezähnten Blättern, ist etwas niedriger und blüht etwas eher; die Knospen sind gelblichgrün, die nickenden Blüten schlüsselblumengelb.
Haltung: Bereitet in fruchtbarer Erde und Teil- oder Vollschatten viele Jahre lang Freude. Eignet sich nicht als Schnittblume.
Vermehrung: Durch Aussaat im Frühjahr oder Herbst oder durch Teilung der Wurzeln im Frühjahr.

Taglilie
Hemerocallis-Hybriden
Liliengewächse (Liliaceae)

Sonnig–halbschattig
Gut durchlässiger Gartenboden
Mai–August

Heimat: Ostasien
60–120 cm hohe Stauden, die große Horste mit vielen leuchtend grünen Blättern bilden. Auf kräftigen, sich oben verzweigenden Stengeln sitzen sechszählige, lilienartige Blüten, die nacheinander aufblühen. Die Blüten früherer Formen hielten nur einen Tag, aber es gibt jetzt neuere Sorten, die zwei, manchmal drei Tage halten. Dazu gehören 'Pink Damask', 75 cm hoch, mit hübschen rosa Blüten; 'Nashville', 90 cm hoch, mit großen rahmgelben Blüten mit orangeroter Schlundzeichnung; und 'Stafford', 75 cm hoch, leuchtend glutrot.
Haltung: Ziemlich anspruchslos. Gedeihen am besten in gut durchlässigem Boden an einem sonnigen Standort. Trockenheit wird besser vertragen als Feuchtigkeit. Bei schattigem Standort sind die Taglilien weniger blühfreudig.
Vermehrung: Durch Teilung im Frühjahr.
(Bild Seite 74–75)

Nachtviole
Hesperis matronalis
Kreuzblütler (Crucefereae)

Schattig–halbschattig
Kalkhaltiger Boden
Mai–Juni

Heimat: Südeuropa bis Mittelasien; in Mitteleuropa eingebürgert
Kräftige, 105–120 cm hohe Pflanze mit lanzettlichen, fein gezähnten Blättern und endständigen Trauben aus lila, violetten oder weißen Blüten, die am Abend süß duften.
Haltung: Gedeiht am besten im Schatten oder Halbschatten in kalkhaltiger Gartenerde mit guter Entwässerung. Die einfachen Formen sind leichter zu ziehen als die gefüllten; sie sind nicht sehr langlebig und müssen daher öfter ersetzt werden, säen sich aber selbst aus. Abgeblühte Trauben am besten sogleich abschneiden. Im Winter vor Frost und Feuchtigkeit schützen.
Vermehrung: Bei einfachen Formen im Frühjahr durch Aussaat ins Freiland. Bei gefüllten Sorten durch Teilung im Frühjahr oder durch Stecklinge aus Grundsprossen im Hochsommer oder Frühherbst.

Purpurglöckchen
Heuchera sanguinea
Steinbrechgewächse (Saxifragaceae)

Halbschattig–sonnig
Gut durchlässiger Gartenboden
Mai–Juli

Heimat: Nordamerika
40–60 cm hohe Staude, die bis 30 cm breite Büsche bildet. Die immergrünen, herzförmigen Blätter in verschiedenen Schattierungen von Grün haben manchmal eine an Pelargonien erinnernde Bänderung und bilden eine bodennahe Rosette. Dünne, drahtige Stiele tragen Rispen aus hübschen, winzigen Blütenglöckchen in rosa oder rot.
Haltung: *Heuchera* liebt leichte, gut durchlässige, leicht feuchte Erde. Vor dem Pflanzen gut verrotteten Gartenkompost oder Stallmist einarbeiten. Pflanzen an heißen, trockenen Sommertagen feucht halten. *Heuchera* entartet, wenn sie nicht alle paar Jahre geteilt und umgepflanzt wird. Im Winter vor Frost schützen.
Vermehrung: Durch Teilung im Spätsommer oder Frühherbst. Nur junge, kräftige Sprosse verwenden.
(Bild Seite 76)

Funkie
Hosta fortunei
Liliengewächse (Liliaceae)

Sonnig–halbschattig
Lehmig-sandiger, nahrhafter Boden
Juli

Heimat: Japan
40–50 cm hohe, üppig wachsende Staude mit großen, herzförmigen, blaugrünen Blättern. Die hellvioletten, trichterförmigen Blätter stehen traubig auf kahlen, unverzweigten Stengeln. Die großen, gesägten Blätter der abgebildeten Sorte 'Albopicta' sind geschmackvoll goldgelb marmoriert und blaßgrün gerandet. Im Laufe des Sommers wird das Goldgelb blasser und das Blaßgrün dunkler. Die Neuzüchtung *H. rectifolia* 'Tall Boy' hat grüne Blätter und violettlila Blüten.
Haltung: Bevorzugt sonnige bis halbschattige Standorte und tiefgründigen, lehmig-sandigen Boden. Wächst auch im Schatten an feuchten Stellen, entwickelt sich hier aber nicht zur vollen Pracht.
Vermehrung: Durch Teilung im Frühjahr.
(Bilder Seite 76 und 77)

Immergrüne Schleifenblume
Iberis sempervirens
Kreuzblütler (Cruciferae)

Sonnig
Beliebiger Gartenboden
Mai

Heimat: Südeuropa und Kleinasien
Bis 30 cm hoher Halbstrauch mit hell- bis dunkelgrünen, immergrünen Blättern, der auch ohne Blüten attraktiv aussieht und sich im Mai mit dichten Doldentrauben schneeweißer Blüten bedeckt. Eignet sich hervorragend zur Einfassung, wirkt aber auch als einzelner Busch sehr gut.
Haltung: Vor dem Pflanzen muß die Erde gründlich von ausdauernden Unkräutern gesäubert sein, da diese später schwer auszurotten sind. In guter Erde gedeihen die Pflanzen einige Jahre. Nach der Blüte die abgeblühten Blütenstände abschneiden, um die Bildung neuer Sprosse anzuregen und das adrette Aussehen der Büsche zu erhalten.
Vermehrung: Im Frühsommer durch Stecklinge.
(Bild Seite 78)

Freiland-Gloxinie

Incarvillea grandiflora
var. *brevipes*
Bignoniengewächse
(Bignoniaceae)

Sonnig–halbschattig
Gut durchlässiger, nahrhafter Gartenboden
Juni–Juli

Heimat: Nordwestchina
Hübsche, 50–60 cm hohe Staude mit fleischiger Wurzel und grundständigen dunkelgrünen, unpaarig gefiederten Blättern. Die satt lilavioletten Trompetenblüten mit gelbem Schlund stehen traubig auf festen, unverzweigten, kahlen Stengeln.
Haltung: Braucht nahrhaften, gut durchlässigen Boden mit genügend Kalk und Feuchtigkeit. Die Wurzel muß 7,5 cm tief gepflanzt werden. Im Winter gut vor Frost schützen.
Vermehrung: Durch Teilung im Frühjahr möglich, aber wegen der Zähigkeit der Pflanze schwierig, daher besser durch Aussaat gleich nach der Reifung der Samen.
Bemerkung: Heißt manchmal *I. mairei.* Nicht verwandt mit der bekannten Zimmer-Gloxinie *(Sinningia)*, einem Gesneriengewächs.
(Bild Seite 79)

Echter Alant

Inula helenium
Korbblütler (Compositae)

Sonnig–halbschattig
Feuchter Boden
Juli–Oktober

Heimat: Zentralasien
90–120 cm hohe Staude mit großen behaarten Blättern und leuchtend gelben, kleinen Sonnenblumen ähnlichen Blüten. Besonders schön – wenn man sie bekommen kann – ist I. royleana, 60 cm hoch, mit 10–12 cm großen gelben Strahlenblüten. *I. ensifolia* 'Compacta', nur 25 cm hoch, hat goldene Strahlenblüten; die goldenen Blüten von *I. ensifolia* 'Golden Beauty' (60 cm hoch) halten wochenlang.
Haltung: Alle *Inula*-Arten bevorzugen einen kräftigen, feuchten Boden und einen sonnigen Standort, Halbschatten wird auch noch akzeptiert. Für Uferbepflanzungen sind sie sehr zu empfehlen.
Vermehrung: Durch Aussaat im Frühjahr oder durch Teilung im Herbst oder Frühjahr.
(Bild Seite 78)

Sibirische Schwertlilie
Iris sibirica
Schwertliliengewächse
(Iridaceae)

Sonnig
Beliebiger Boden
Juni

Heimat: Europa bis Sibirien
60–100 cm hohe Staude, die dichte Büsche aus grasähnlichen Blättern bildet, die von kräftigen, schlanken, aufrechten Stengeln überragt werden, jeder mit 2–3 Blüten in Blau, Weiß oder Violett. 'Heavenly Blue' mit hübschen, satt himmelblauen Blüten wird 120 cm hoch.
Haltung: Nach Farben auswählen und in Dreiergruppen an einem sonnigen Platz pflanzen, an dem die Wurzeln jedoch feucht bleiben. Gedeiht am besten in feuchter Erde, bleibt an trockeneren Standorten niedriger. Die braunen Samenkapseln bleiben den Winter über erhalten und machen sich sowohl im Garten wie in Blumenarrangements gut.
Vermehrung: Leicht aus Samen zu ziehen, aber wegen der Vielfalt der Formen besser durch Teilung, im Frühherbst oder Frühjahr.
(Bild Seite 80)

Algerische Schwertlilie
Iris unguicularis
Schwertliliengewächse
(Iridaceae)

Sonnig
Gut durchlässiger Boden
März–April

Heimat: Algerien und Tunesien
60 cm hohe Staude, die dichte Büsche aus glänzenden Blättern bildet. Die hübsch geäderten lilablauen Blüten stehen auf 30 cm hohen Stielen.
Haltung: Braucht magere, trockene Erde. Einen sonnigen, gut entwässernden Platz wählen und im Herbst – nicht, wie oft geraten wird, im Frühjahr – pflanzen, da die Wurzeln viel Feuchtigkeit benötigen, wie Herbst- und Winterregen sie bringen. Im Herbst bei eingewöhnten Pflanzen die Blätter 15–20 cm über dem Boden abschneiden.
Vermehrung: Durch Teilung im Herbst.
Bemerkung: Hieß lange *I. stylosa*.

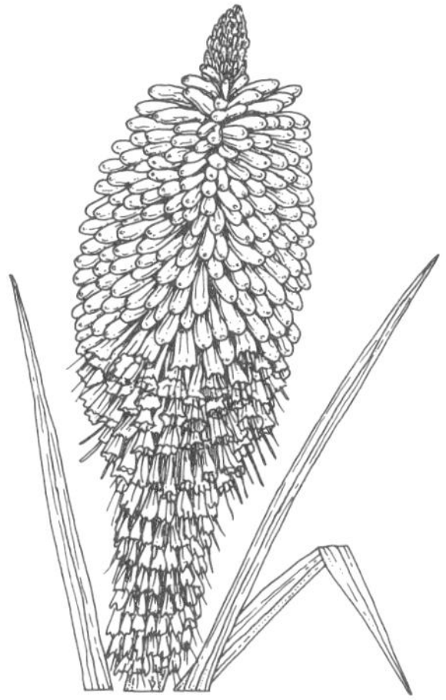

Fackellilie, Tritome
Kniphofia-Hybriden
Liliengewächse (Liliaceae)

Sonnig
Gut durchlässiger, humusreicher Boden
Juni–Oktober

Heimat: Südafrika
60–100 cm hohe Staude, die Horste aus grasartigen dunkelgrünen Blättern bildet. Kräftige, aufrechte, unverzweigte, kahle Stiele tragen dichte, kerzenähnliche Blütenstände in Gelb und Orange. *K. praecox*, 180–210 cm hoch, mit scharlachroten Blüten; *K. galpinii* 'Bressingham Seedlings', 45–90 cm hoch, mit orangefarbenen Blütentrauben; *K.* × 'Little Maid' mit attraktiven rahmweißen Blüten, ca. 60 cm hoch.
Haltung: 3–4 Pflanzen auf 1 m^2 setzen. Fackellilien brauchen ziemlich fette Erde mit reichlich Humus. Jedes Frühjahr mulchen. Z. T. nicht ganz winterhart; Blätter im Winter zu einem schützenden Zelt zusammenbinden, um die Triebspitzen trocken zu halten, und gut abdecken.
Vermehrung: Durch Teilung im Frühjahr; die Teile vor und nach dem Pflanzen nicht austrocknen lassen.
(Bilder Seite 97 und 98)

Breitblättrige Platterbse, Staudenwicke
Lathyrus latifolius
Schmetterlingsblütler (Leguminosae)

Sonnig
Beliebiger Boden
Juni–August

Heimat: Südeuropa
1–2 m hohe Kletterpflanze mit breitgeflügelten Stengeln und Blattstielen und rosa bis violettroten Blüten, die zu zweit auf starren Stielen stehen. 'White Pearl' hat weiße Blüten, 'Rose Queen' rosa Blüten mit einem weißen »Auge«.
Haltung: Wächst in fast jedem Boden an sonnigem Standort. Muß durch Erbsenreiser rechtzeitig gestützt werden. Eignet sich ausgezeichnet zur Anpflanzung an einem Drahtzaun oder Spalier; muß sonst durch Erbsenreiser gestützt werden.
Vermehrung: Im Frühjahr durch Aussaat oder Teilung des Wurzelstocks.

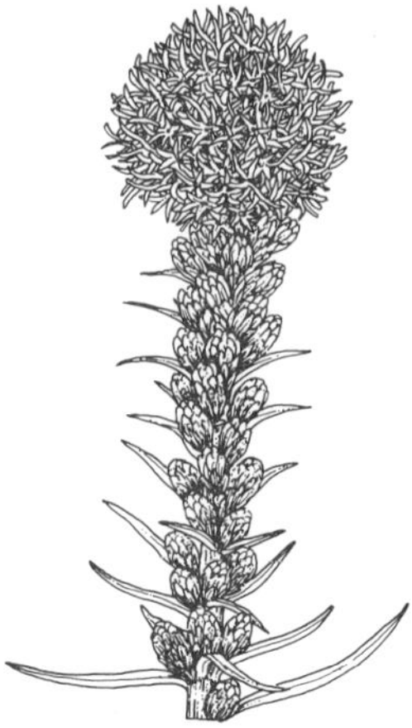

Strauchpappel, Lavatere
Lavatera olbia
Malvengewächse
(Malvaceae)

Sonnig
Gut durchlässiger, nahrhafter Boden
Juli–Oktober

Heimat: Südfrankreich
Bis 2 m hoch werdender Halbstrauch. Die stumpfgrünen, weichfilzigen Blätter erinnern an Weinlaub. Die vom Grunde aus verzweigten Stengel tragen zahlreiche große, satt rosenrote Blüten ähnlich denen der Stockrose.
Haltung: Braucht nahrhafte, gut durchlässige Erde und viel Platz zum Ausbreiten. Nicht unbedingt winterhart, daher immer junge Pflanzen in Reserve halten. Jedes Jahr nach dem Frost alle jungen Sprosse fast bis auf den Grund zurückschneiden; Pflanzen alljährlich stutzen, um adretten Wuchs zu erzielen.
Vermehrung: Durch Stecklinge oder Aussaat.
(Bild Seite 98)

Prachtscharte
Liatris spicata
Korbblütler (Compositae)

Sonnig
Gut durchlässiger, sandiger Boden
Juli–September

Heimat: Nordamerika
60–100 cm hoch werdende Staude. Aus flachen, rundlichen Knollen entspringen mehrere dicht belaubte, aufrechte Stengel, die in langen Ähren aus rosafarbenen Blütenkörbchen enden. Die Blätter sind klein, schmal und dunkelgrün. Anders als bei den meisten Pflanzen mit ährigem Blütenstand öffnen sich die oberen Blüten zuerst. 'Kobold', 60 cm hoch, hat leuchtend rosalila Blüten. Empfohlen wird auch *L. pycnostachya* mit 15–20 cm langen, dichten, rosavioletten Ähren, die im Spätsommer und Frühherbst blüht.
Haltung: Prachtscharten gedeihen am besten an einem sonnigen Standort und auf gut durchlässigem, sandigem Boden, der nicht zu feucht sein sollte.
Vermehrung: Durch Aussaat in Schalen im zeitigen oder durch Teilung im späten Frühjahr. Sämlinge blühen erst nach 2–3 Jahren.
(Bild Seite 99)

Oben: *Kniphofia* × 'Little Maid', eine nicht alltägliche, attraktive Gartenstaude; die rahmweißen Blüten eignen sich ausgezeichnet als Schnittblumen. Siehe Seite 95.

Links: *Kniphofia praecox* bringt im Spätsommer und Frühherbst prachtvolle feuerrote Blütenstände hervor, die nicht übersehen werden können. Siehe Seite 95.

Rechts: Die wunderschönen rosavioletten Blütenähren von *Liatris spicata* 'Kobold' eignen sich hervorragend als Schnittblumen. Die Blüten öffnen sich interessanterweise von oben nach unten. Siehe Seite 96.

Unten: *Lavatera olbia* 'Rosea', ein bis 150 cm hoher Halbstrauch, trägt im Sommer und Frühherbst attraktive rosa Blüten. Er sollte im Frühjahr gestutzt werden, um einen schönen Wuchs zu erzielen. Siehe Seite 96.

Links: *Lobelia* × 'Cherry Ripe', eine der schönsten unter den vielen Hybriden von *L. cardinalis* × *L. fulgens*, wird bis 120 cm hoch und trägt im Spätsommer leuchtend kirsch- bis scharlachrote Blüten. Siehe Seite 115.

Rechts: Im Spätsommer und Herbst erblühen die prächtigen lilafarbenen Blütenstände von *Liriope muscari*. Siehe Seite 114.

Unten: *Lunaria rediviva*, die ausdauernde Verwandte des bekannten Garten-Silberblattes, trägt im Frühjahr hübsche lila bis violette Blüten; wird jedoch in der Hauptsache wegen der papierdünnen Scheidewände der Fruchtkapseln angebaut. Siehe Seite 115.

Oben: *Lupinus polyphyllus* 'Russel'-Hybriden bieten sehr schöne Farbmischungen und sollten in keinem Staudenbeet fehlen. Siehe Seite 116.

Links: *Lychnis coronaria* 'Abbotswood Rose' schmückt sich im Sommer mit rosen- bis karminroten Blüten, zu denen das silbrige Laub einen ausgezeichneten Kontrast bildet. Siehe Seite 116.

Rechts: *Lysimachia punctata,* eine kräftige, 90 cm hohe Staude für einen feuchten Standort. Die leuchtend gelben Blüten bieten im Sommer lange Zeit ein schönes Bild. Siehe Seite 117.

Oben: *Macleaya microcarpa,* eine imposante Staude, die viel Platz zur Ausdehnung braucht. Die verzweigten fleischroten Blütenstände werden im Spätsommer bis 250 cm hoch. Siehe Seite 118.

Links: *Lythrum salicaria* 'Firecandle', eine verläßliche Pflanze, die in feuchter, wasserspeichernder Gartenerde gedeiht und sich im Spätsommer mit hübschen, tief rosenroten Blütentrauben schmückt. Siehe Seite 117.

Rechts: *Malva moschata* 'Alba', die reinweiße Form mit 75 cm hohen Blütenständen, ist eine kurzlebige Staude, erzeugt aber immer wieder reichlich selbstausgesäte Keimlinge. Siehe Seite 118.

Oben: *Monarda didyma* 'Cambridge Scarlet' blüht im Sommer; sowohl Blätter wie Blüten duften. Gedeiht in Sonne oder Teilschatten und muß feucht gehalten werden.
Siehe Seite 120.

Links: *Melianthus major,* ein immergrüner Halbstrauch, wird hauptsächlich seiner großen Fiederblätter wegen gepflanzt. Muß vor Frost geschützt werden und eignet sich am besten für mildes Klima. Ideal für magere Böden.
Siehe Seite 119.

Unten: *Myrrhis odorata,* eine entzückende, wertvolle, verläßliche Pflanze mit aromatischem, farnähnlichem Laub, trägt im Frühsommer rahmweiße Blüten. Zum Herbst hin werden die Blätter rot.
Siehe Seite 121.

Links: *Nepeta × faassenii,* eine bezaubernde Pflanze mit aromatischem, für Katzen unwiderstehlichem Laub; trägt im Sommer viele Wochen lang wunderschöne Scheinähren mit lavendelblauen Blüten. Ausgezeichnet für Randbepflanzung und unter Rosen. Siehe Seite 121.

Rechts: *Onopordum acanthium,* eigentlich zweijährig, wird gewöhnlich im Staudenbeet gezogen. Diese interessante Distel mit grauem Laub und attraktiven violetten Blüten wird bis 210 cm hoch. Siehe Seite 122.

Unten: *Oenothera missouriensis,* ein prächtiger Bodendecker mit schmalen, dunkelgrünen, dem Boden aufliegenden Blättern und leuchtend gelben, rot gefleckten Blüten auf 23 cm hohen roten Stielen. Siehe Seite 122.

Oben: *Paeonia officinalis* 'Rubra Plena', eine seit langem beliebte Pfingstrose mit großen, gefüllten, karminroten Blüten auf 60 cm hohen Stielen; bleibt am besten ungestört. Siehe Seite 124.

Oben: *Osmunda regalis,* ein edler Farn, der im Teilschatten an feuchten Plätzen gedeiht und im Herbst wunderschöne gelbe und rote Farbtöne annimmt. Siehe Seite 123.

Unten: *Papaver orientale,* unübertroffen wegen der großen, farbigen Blüten, gedeiht an einem sonnigen, gut entwässernden Standort. Siehe Seite 124.

Oben: *Phlomis samia* trägt auf stattlichen, bis 90 cm hohen Stengeln über herzförmigen Blättern Scheinquirle aus sattgelben Blüten. Siehe Seite 126.

Libertie
Libertia formosa
Schwertliliengewächse (Iridaceae)

Sonnig
Gut durchlässiger, lehmig-humoser Boden
Mai–Juni

Heimat: Chile
Bis 75 cm hoch werdende Staude. Attraktive dunkelgrüne, schwertförmige, 30–50 cm lange Blätter bilden einen Horst, aus dem im Mai bis 75 cm hohe Stiele mit Rispen elfenbeinweißer, tellerförmiger Blüten mit gelben Staubgefäßen entspringen. Im Herbst entstehen orangebraune Samen.
Haltung: Libertien sind in kalten Gebieten nicht winterhart, überstehen aber an sonnigen, geschützten Standorten die meisten Winter. Brauchen gut durchlässige Erde, die vor dem Pflanzen im Frühjahr mit feuchtem Torf, Laubstreu und scharfem Sand angereichert und im Sommer gut feucht gehalten werden muß.
Vermehrung: Durch Aussaat gleich nach Reifung der Samen im Spätsommer bis Frühherbst oder durch Teilung des faserigen Wurzelstocks im Frühjahr.

Sternligularie
Ligularia dentata
Korbblütler (Compositae)

Sonnig–halbschattig
Humoser, feuchter Boden
August–September

Heimat: Japan, China
Robuste, 100–150 cm hohe Staude mit aufrechten, oben verzweigten, belaubten Stengeln, die sich über großen, gestielten, herzförmigen Blättern erheben und orangegelbe Blüten mit brauner Scheibe tragen. 'Desdemona', 60–120 cm hoch, hat unterseits dunkelrote Blätter und prächtig orangefarbene Blüten. 'Gregynog Gold', eine Hybride aus *L. dentata × veitchiana*, hat bis 30 cm breite Blätter und 60–90 cm hohe Stiele mit prachtvollen, goldorangen, hübsch gefleckten Blüten, die aufrechte, bis 7,5 cm breite Blütenstände bilden.
Haltung: Gedeiht am besten in sonniger bis halbschattiger Lage in feuchter Erde, an einer sumpfigen Stelle an einem Teich oder Bach; benötigt reichlich Platz.
Vermehrung: Durch Teilung im Frühjahr.

Purpur-Leinkraut
Linaria purpurea
Braunwurzgewächse (Scrophulariaceae)

Sonnig
Gut durchlässiger, sandig-humoser Boden
Juli–Oktober

Heimat: Mittelmeergebiet
50–80 cm hohe Staude mit dünnen, drahtigen Stengeln, die schmale graue Blätter und den ganzen Sommer über kleine, Löwenmäulchen ähnliche, endständige Blütentrauben aus wunderschön violettblauen Blüten mit weißem »Bart« tragen. 'Canon Went', eine hervorragende Gartensorte, hat leuchtend rosa Blüten mit einem orangen Fleck auf der Lippe.
Haltung: Gedeiht am besten in gut durchlässiger, sandig-humoser Erde, die nicht zu feucht ist. Verträgt auch Halbschatten. Braucht nicht hochgebunden zu werden. Sät sich freigebig selbst aus und kann zum Unkraut werden. Im Winter vor Frost schützen.
Vermehrung: Durch Aussaat ins Freiland im Spätfrühling oder durch Teilung im Frühjahr.

Liriope
Liriope muscari
Liliengewächse (Liliaceae)

Sonnig
Lehmiger Humusboden
Juli–September

Heimat: Japan, China
20–25 cm hohe Pflanze mit überhängenden, riemenartigen Blättern, die einen adretten Horst bilden; aus ihm entspringen unverzweigte, kahle Stengel, die fliederfarbene Blüten in dichten, an eine Flaschenbürste erinnernden Trauben tragen. Kann höchst wirkungsvoll zur Randbepflanzung einer Staudenrabatte verwendet werden. Im Winter leisten ein paar dieser immergrünen Pflanzen in einer Rabatte gute Dienste.
Haltung: Gedeiht am besten in lehmig-humosem Boden an einem sonnigen Standort. Im Winter vor Frost und Nässe gut schützen.
Vermehrung: Durch Teilung im Frühjahr.
(Bild Seite 101)

Kardinalslobelie
Lobelia cardinalis
Glockenblumengewächse (Campanulaceae)

Sonnig–halbschattig
Nahrhafter, gut durchlässiger Boden
Juli–September

Heimat: Nordamerika
60–120 cm hohe Staude. Aus einer Rosette lanzettlicher Blätter entspringen aufrechte Stengel mit gegenständigen Blättern und endständigen Trauben leuchtend scharlachroter, fast 4 cm langer röhrenförmiger Blüten.
Haltung: Gepflanzt wird am besten im Frühjahr. Der Boden muß gut vorbereitet und durch viel feuchten Torf, Laubstreu oder gut verrotteten Gartenkompost verbessert werden. Liebt fette, feuchte Erde. Vor allem während des Wachstums brauchen die Wurzeln stets ausreichend Feuchtigkeit und dürfen nicht austrocknen. Nicht unbedingt winterhart. In frostgefährdeten Gebieten im Herbst ausheben und frostgeschützt und trocken aufbewahren, Wurzeln jedoch nicht austrocknen lassen.
Vermehrung: Durch Teilung im Frühjahr, sobald die Wurzeln ausgepflanzt werden können.
(Bild Seite 100)

Silberblatt, Mondviole
Lunaria rediviva
Kreuzblütler (Cruciferae)

Halbschattig
Humusboden
Frühjahr

Heimat: Mittel- und Südosteuropa
Stattliche, bis 140 cm hohe Staude mit kriechendem Wurzelstock und grundständiger Blattrosette; trägt im Frühjahr endständige Doldentrauben aus stark duftenden, lavendel- bis fliederfarbenen, selten weißen Blüten. Aus ihnen entwickeln sich bis 8 cm lange Schötchen, deren papierdünne weiße, lanzettliche Zwischenwände im Winter erhalten bleiben.
Das bekannte, bei Floristen beliebte Zweijährige Silberblatt *(L. annua)* hat kleinere, stärker gesägte Blätter und runde »Silberblätter«.
Haltung: Gedeiht am besten im Halbschatten in guter, humoser Erde. Im Frühjahr pflanzen, mit 30 cm Abstand. Sät sich meist reichlich selbst aus.
Vermehrung: Durch Teilung oder Aussaat im Frühjahr. *L. annua* wird im Frühjahr gesät und blüht ein Jahr später.
(Bild Seite 101)

Garten-Lupine, Stauden-Lupine

Lupinus polyphyllus-Hybriden
Schmetterlingsblütler
(Leguminosae)

Sonnig
Sandiger, kalkarmer Boden
Juni–August

Heimat: Pazifisches Nordamerika; in Europa verwildert
Stattliche, bis über 150 cm hohe Staude mit Grundblattrosette und belaubten, unverzweigten Stengeln, die bis zu 50 cm lange, aufrechte, endständige Trauben aus ursprünglich blauen Blüten tragen. Es gibt viele Hybriden in den verschiedensten Farben.
Haltung: Lupinen brauchen Sonne und gut durchlässige Erde. Vor dem Pflanzen Boden mit viel gut verrottetem Stallmist oder Gartenkompost anreichern. In gut durchlässiger Erde im Herbst pflanzen, sonst im Frühjahr. Bei eingewöhnten Pflanzen die Zahl der Stengel auf 5–7 beschränken, sobald diese 30 cm hoch sind. Abgeblühte Trauben beseitigen, um Samenbildung zu vermeiden, die der Pflanze Kraft rauben.
Vermehrung: Durch Teilung nach der Blüte, Wurzelstecklinge oder Aussaat.
(Bild Seite 102)

Vexiernelke

Lychnis coronaria
Nelkengewächse
(Caryophyllaceae)

Sonnig
Gut durchlässiger, trockener Boden
Juli–August

Heimat: Südeuropa
30–70 cm hohe Staude. Aus einem grundständigen Horst entspringen silbergrau-filzige Stengel mit gegenständigen, silbrig behaarten, länglich-eirunden Blättern und verzweigten Blütenständen. Die Blüten sehen aus wie ungefüllte Nelken. 'Abbotswood Rose' mit rosaroten Blüten ist eine wunderschöne Pflanze; eine Gruppe von fünf Pflanzen auf 1 m^2 verleiht jeder Staudenrabatte Anmut und Farbe. Es gibt auch eine weiße Sorte ('Alba').
Haltung: Bevorzugt trockene, sonnige Standorte. Im Winter vor feuchter Kälte schützen.
Vermehrung: Durch Teilung im Herbst (bei kalten und nassen Böden im Frühjahr). Verbreitet sich jedoch leicht durch Selbstaussaat.
(Bild Seite 102)

Goldfelberich

Lysimachia punctata
Primelgewächse
(Primulaceae)

Halbschattig–sonnig
Beliebiger, feuchter Boden
Juni–August

Heimat: Südosteuropa; anderswo eingebürgert
50–150 cm hoch werdende Staude mit unterirdischen Ausläufern. Die kantigen, wenig verzweigten Stengel tragen mit Blättern durchsetzte Trauben leuchend gelber, fünfstrahliger Blüten. Stengel und Blätter sind schwach behaart.
Haltung: Gedeiht in Sonne oder Halbschatten, bevorzugt aber einen feuchten Standort. Bildet Ableger und wuchert leicht.
Vermehrung: Durch Teilung im Frühjahr oder Herbst oder durch Aussaat.
(Bild Seite 103)

Blut-Weiderich

Lythrum salicaria
Weiderichgewächse
(Lythraceae)

Sonnig
Fruchtbarer, feuchter Boden
Juni–August

Heimat: Nördliche gemäßigte Zone
Bis 2 m hoch werdende, aufrechte Staude mit verholztem Wurzelstock, Stengel vierkantig, nur im unteren Teil leicht verzweigt, schwach behaart, an ihm sitzen ungestielte gegenständige, lanzettliche Blätter. Die Blüten bilden dichte, in den Blattachseln entspringende, unterbrochene Ähren mit langer Blütezeit. 'Firecandle', 90 cm hoch, hat tief rosenrote Blüten; 'Robert', rein rosa, wird nur 75 cm hoch; 'The Rocket' mit rosenroten Blüten wird 90 cm hoch.
Haltung: Wächst wild an Flußufern, Gräben und im Sumpf, die Gartenformen sollten daher viel Feuchtigkeit bekommen.
Vermehrung: Im Frühjahr durch Wurzelstecklinge; Teilung wegen des verholzten Wurzelstocks schwierig.
(Bild Seite 104)

Federmohn
Macleaya cordata
Mohngewächse
(Papaveraceae)

Sonnig–halbschattig
Nahrhafter, lockerer Boden
Juli–August

Heimat: China, Japan
Eindrucksvolle, bis 3 m hohe, buschige Staude. Die rauhen, plastischen, herzförmigen, gelappten blaugrünen, unterseits silbrigen Blätter bilden einen mächtigen Horst, aus dem kräftige, aufrechte Stengel entspringen, die kleine, endständige Rispen fedrig-flaumiger Blüten ohne Kronblätter und bald abfallende Kelchblätter tragen. Die vielen weißen Staubblätter bleiben jedoch länger bestehen. Die ähnliche *M. microcarpa* mit fleischfarbenen Blüten blüht etwas eher.
Haltung: Geeignet für ein Einzelbeet oder den Hinterrand einer großen Rabatte – zu weit vorn verbirgt sie alle dahinterstehenden Pflanzen. Bildet Ausläufer und wuchert. Sonnig bis halbschattig plazieren und nicht austrocknen lassen.
Vermehrung: Durch Teilung im Frühjahr oder durch Abnahme der Ausläufer im Sommer.
(Bild Seite 105)

Moschusmalve
Malva moschata
Malvengewächse
(Malvaceae)

Sonnig
Nahrhafter, gut durchlässiger Boden
Juli–September

Heimat: Mittel- und Südeuropa
Bis 1 m hoch werdende Staude mit aufrechten, rauh behaarten, belaubten Stengeln. Die lindgrünen, handförmigen, tief gespaltenen Blätter duften bei Verletzungen angenehm nach Moschus, besonders im Frühjahr. Die zarten, Stockrosen ähnlichen, rosa Blüten stehen in end- und achselständigen Gruppen auf den Stengeln. *M. m. alba* besitzt leuchtend weiße Blüten.
Haltung: Nicht langlebig, daher lohnt es sich, immer Nachwuchs in Reserve zu halten. An dem Wind ausgesetzten Standorten aufbinden. Bei heißem Wetter nicht austrocknen lassen.
Vermehrung: Durch Aussaat im Frühjahr; Samen 12 mm tief in einen ungeheizten Vermehrungskasten mit sandiger Erde legen. Bei sehr heißem Wetter gut feucht halten.
(Bild Seite 105)

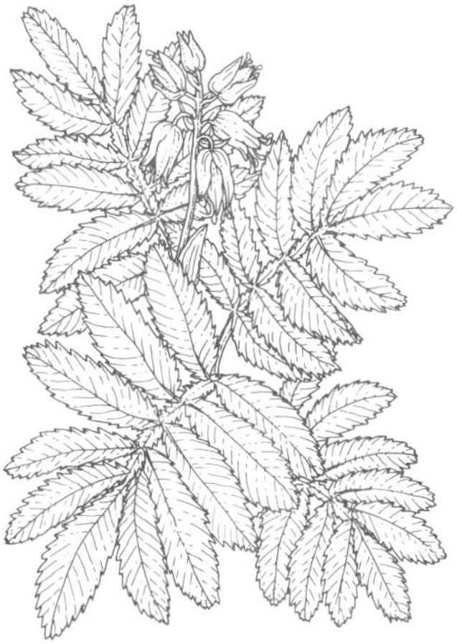

Honigstrauch
Melianthus major
Honigbaumgewächse
(Melianthaceae)

Sonnig
Kräftiger Boden
Mai–Juni

Heimat: Südafrika
1–1,5 m hoher, buschiger, teilweise verholzter, immergrüner Halbstrauch mit schönen großen, grau- bis blaugrünen, unpaarig gefiederten Blättern, die bei Verletzungen unangenehm riechen. Im Frühsommer erscheinen ca. 30 cm lange Trauben aus dichten, rotbraunen Blüten. Wird in der Hauptsache seines Laubes wegen gehalten.
Haltung: Bevorzugen sonnige Standorte, kräftigen Boden und gute Bewässerung. Im Winter und zeitigen Frühjahr gut vor Frost schützen.
Vermehrung: Durch Teilung des Wurzelstocks, Stecklinge oder Aussaat.
(Bild Seite 106)

Mertensie
Mertensia virginica
Boretschgewächse
(Boraginaceae)

Halbschattig
Gut durchlässiger, sandig-humoser Boden
April–Mai

Heimat: Östliches Nordamerika
30–45 cm hohe Pflanzen mit knolligem, schwarzem Wurzelstock und glatten, eiförmigen, blaugrauen Blättern. Am Ende der aufrechten Stengel und in den oberen Blattachseln entspringen lockere Trauben von rosa Knospen, die sich zu 2,5 cm langen violettblauen Trompetenblüten entwickeln. Die Blätter und Stengel ziehen ein, wenn die Samen reif sind.
Haltung: Ideal für einen Waldgarten, in dem die Pflanze den Winter über ungestört bleibt. Gedeiht im Halbschatten in sandig-humoser, gut durchlässiger Gartenerde. Den Standort bezeichnen, damit die dicht unter der Oberfläche liegenden Wurzeln nicht beschädigt werden.
Vermehrung: Durch Aussaat, sobald die Samen reif sind, oder durch Teilung des Wurzelstocks im Frühherbst.

Indianernessel
Monarda didyma
Lippenblütler (Labiatae)

Sonnig–halbschattig
Beliebiger Gartenboden
Juli–September

Heimat: Östliches Nordamerika
Aufrechte, 70–120 cm hohe Pflanzen mit vierkantigen, verzweigten Stengeln, die gegenständige, eirund-lanzettliche, rauh behaarte Blätter sowie dichte endständige Quirle fast 4 cm langer, duftender, roter Lippenblüten tragen. Die ganze Pflanze riecht angenehm aromatisch. Außer der seit langem beliebten, scharlachrot blühenden 'Cambridge Scarlet' gibt es mehrere andere schöne Sorten: 'Croftway Pink', lachsrosa, 'Prairie Night', satt violett, und 'Snow Maiden', weiß, alle 90 cm hoch, sowie die prächtige 'Adam', karminrot, 100 cm hoch.
Haltung: Bevorzugt einen warmen, sonnigen Standort und ist mit eigentlich jedem Gartenboden zufrieden, gedeiht jedoch am besten in nahrhaftem, gut durchlässigem Boden. Die Erde nicht austrocknen lassen.
Vermehrung: Durch Teilung oder Aussaat im Frühjahr.
(Bild Seite 107)

Morine
Morina longifolia
Kardengewächse (Dipsacaceae)

Sonnig
Gut durchlässiger, sandiger Boden
Juni–August

Heimat: Himalaya (Nepal)
Hübsche, 60–100 cm hohe Staude mit großen, linealischen, stachelig gezähnten Blättern; die grundständigen Blätter duften. Die kräftigen Stengel tragen gegenständige kleinere Blätter und eine lange Ähre aus Quirlen röhrenförmiger Blüten in den Farben Rosa, Rot, Gelb oder Weiß.
Haltung: Braucht einen vollsonnigen Standort und gut durchlässige, kalkhaltige, nahrhafte Erde. Vor Staunässe unbedingt schützen. Verträgt im Winter keine naßkalte Erde und muß vor Frost geschützt werden.
Vermehrung: Durch Aussaat ins Freiland in ein gut vorbereitetes Beet mit fetter, poröser Erde.

Süßdolde
Myrrhis odorata
Doldenblütler (Umbelliferae)

Sonnig–halbschattig
Beliebiger Boden
April–September

Heimat: Europa
60–120 cm hohe, buschige Pflanze mit mittelgrünen, farnartigen Blättern, die stark nach Anis riechen und schmecken und sich im Herbst glänzend rot färben. Die Dolden aus kleinen, rahmweißen Blüten beleben die ganze Umgebung. Aus den Blüten entwickeln sich lange, schmale, erst grüne, dann schwarze Früchte.
Haltung: Gedeiht am besten an einem sonnigen Platz auf beliebigem Boden. Regelmäßig sprießen selbstgesäte Keimlinge, die man beseitigt, wo sie nicht erwünscht sind.
Vermehrung: Durch Aussaat im Frühherbst oder Frühjahr oder durch Teilung der möhrenähnlichen Wurzeln im Herbst oder Frühjahr.
(Bild Seite 107)

Katzenminze
Nepeta × faassenii
Lippenblütler (Labiatae)

Sonnig
Gut durchlässiger Boden
Mai–September

Heimat: Außertropisch weltweit verbreitet
45 cm hohe Hybride (Eltern *N. mussinii × nepetella*), deren dünne, drahtige Stengel kleine, herzförmige, gegenständige Blätter und in dichten Scheinähren stehende, lavendelblaue Blüten tragen. Lange Blütezeit vom Früh- bis zum Spätsommer und oft noch bis in den Frühherbst.
Haltung: Braucht leichte, gut durchlässige, trockene Erde. Im Winter vor Nässe schützen. Nach der ersten Blüte zurückschneiden; dies regt erneute Blütenbildung an und liefert Material für Stecklinge. Im Frühjahr pflanzen – für einen Einzelbusch vier Pflanzen auf 1 m^2. Damit Katzen sich nicht auf den Pflanzen, deren herb aromatischen Duft sie besonders mögen, wälzen, steckt man ein paar spitze Zweige dazwischen.
Vermehrung: Durch Stecklinge im Früh- bis Hochsommer oder durch Teilung im Frühjahr.
(Bild Seite 108)

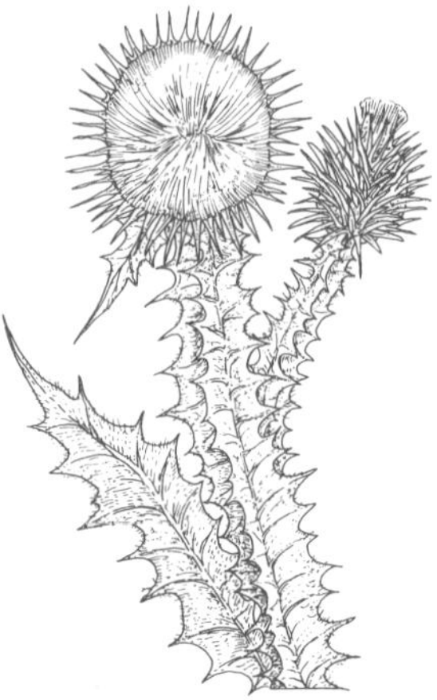

Missouri-Nachtkerze

Oenothera missouriensis
Nachtkerzengewächse
(Onagraceae)

Sonnig
Beliebiger Boden
Juni–September

Heimat: Südliches Nordamerika
Niedrige (10–15 cm hoch) Staude mit niederliegenden verzweigten Stengeln, die weidenähnliche Blätter tragen. Wertvoll wegen der langen Blütezeit im Sommer, wenn immer neue, 6–8 cm große, fast ungestielte, zitronengelbe Blüten aus den Blattachseln entspringen. Sie öffnen sich abends und halten mehrere Tage.
Haltung: Braucht Platz – kann sich bis 60 cm weit ausbreiten –, stellt aber sonst keine Ansprüche. Begnügt sich mit einem sonnigen, trockenen Standort mit normaler Erde. Die Stelle bezeichnen, da die Blätter im Winter vergehen.
Vermehrung: Durch Samen; im Winter säen, im Frühjahr eintopfen und im Spätfrühling oder Frühsommer auspflanzen. Im Spätwinter kann man auch Stecklinge schneiden, die im Kasten überwintert werden.
(Bild Seite 108)

Eselsdistel

Onopordum acanthium
Korbblütler (Compositae)

Sonnig
Sandig-lehmiger Boden
Juli–September

Heimat: Europa, Vorderasien
Schöne, stattliche, bis 200 cm hohe Pflanze mit endständigen, lila bis violetten Distelblüten. Die breitgeflügelten Stengel und die Blätter sind stachelig und mit spinnwebartigen, weißgrauen Haaren bedeckt.
Haltung: Bevorzugt einen heißen, sonnigen Standort und gut durchlässigen, sandig-lehmigen Boden. Braucht mindestens 90 cm zur Ausbreitung und muß in windgefährdeten Gärten hochgebunden werden. Ist nur zweijährig, sät sich aber reichlich selbst aus.
Vermehrung: Im Frühjahr durch Aussaat ins Freiland in gut durchlässige Erde.
(Bild Seite 109)

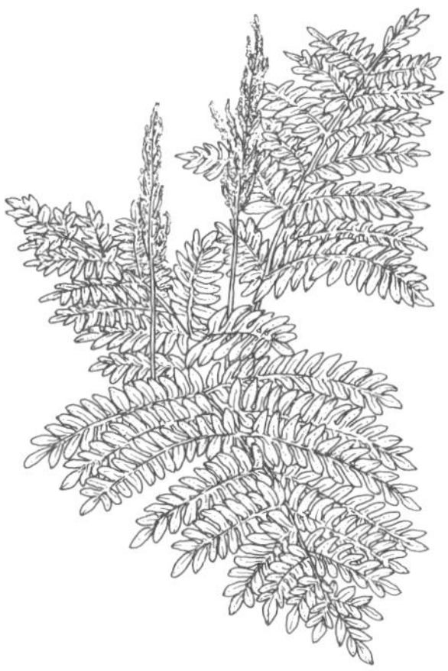

Schlangenbart
Ophiopogon planiscapus nigrescens
Liliengewächse (Liliaceae)

Halbschattig
Gut durchlässiger, sandiger Boden
Juli–August

Heimat: Japan bis Himalaya
15–20 cm hohe, grasartige Pflanze mit riemenartigen Blättern, die ebenso wie die Blütenstiele fast schwarz sind. Trägt im Sommer endständige Rispen blaßvioletter bis weißer Blüten, denen schwarze Beeren folgen. Wird wegen der Blätter gepflegt und muß vor Pflanzen mit hellem Laub stehen, damit die dunkle Farbe besser zur Geltung kommt. Wertvoll als Bodendecker; breitet sich langsam aus.
Haltung: Bevorzugt trockene, gut durchlässige Sandböden und einen halbschattigen Standort, gedeiht aber auch im Halbschatten auf gut durchlässigen, lehmigen Böden. Braucht zum Gedeihen den Schutz eines Zaunes, einer Hecke oder einer Mauer.
Vermehrung: Durch Teilung im Frühjahr.

Königsfarn
Osmunda regalis
Königsfarngewächse (Osmundaceae)

Halbschattig
Feuchter Humusboden
Sporenreife Mai–Juni

Heimat: Nördliche und südliche gemäßigte Zone
Bis 2 m hoch werdender, sehr dekorativer Farn mit kriechendem Wurzelstock und zarten, blaßgrünen Wedeln. Wenn diese im Frühjahr sprießen, sehen sie wie Krummstäbe aus. Im Herbst färben sie sich leuchtend gelb und rot und werden von Floristen gesammelt, weil sie sich leicht pressen und trocknen lassen. Zieht im Winter ein.
Haltung: Braucht feuchte, torfige Erde; gedeiht am besten im Halbschatten, wächst aber auch in praller Sonne, wenn er windgeschützt und mit den Wurzeln in feuchter Erde steht.
Vermehrung: Durch Aussaat der Sporen im Sommer möglich, aber für den Hobbygärtner ist Teilung im Frühjahr befriedigender; das schwarze Wurzelgeflecht muß mit einem scharfen Spaten durchtrennt werden.
(Bild Seite 111)

Großblumige Pfingstrose

Paeonia officinalis-Hybriden
Hahnenfußgewächse
(Ranunculaceae)

Sonnig–halbschattig
Gut durchlässiger, lehmiger Boden
Mai–Juni

Heimat: Südeuropa
Kräftige, 50–90 cm hohe Staude mit dreifach gefiederten, derben Blättern und 7–13 cm großen roten, aufrechten Blüten. In Gärten sieht man meist gefüllte Sorten. 'Rubra Plena', seit dem 16. Jahrhundert bekannt, wird 45–60 cm hoch. 'Alba Plana' (weiß) und 'Rosea Superba Plena' mit größeren, hellrosa Blüten sind ebenfalls lohnend.
Haltung: Pfingstrosen bevorzugen einen sehr sonnigen Standort, gedeihen aber auch im Halbschatten. Der Boden sollte gut durchlässig und nahrhaft sein, die Pflanze nie zu trocken stehen. Vor dem Pflanzen im Frühjahr den Boden mit Kompost oder gut verrottetem Stallmist düngen. Jedes Frühjahr regelmäßig düngen.
Vermehrung: Durch Teilung im Frühherbst oder im zeitigen Frühjahr vor Einsetzen des Wachstums.
(Bild Seite 110)

Türkischer Mohn

Papaver orientale
Mohngewächse
(Papaveraceae)

Sonnig
Gut durchlässiger, nahrhafter Boden
Mai–Juni

Heimat: Kleinasien, Kaukasus
60–100 cm hohe, robuste Pflanze mit rauh behaarten, grob gezähnten, dunkelgrünen Blättern und dicken, borstigen Stengeln, an deren Ende große weiße, rote oder rosafarbene Blüten sitzen. Von den vielen Sorten seien hier nur einige genannt: 'Mrs. Perry', lachsrosa, 90 cm hoch; 'Fireball' mit gefüllten, orange-scharlachroten Blüten, 30 cm hoch; 'Marcus Perry', orange-scharlach, 75 cm hoch; 'Perry's White', weiß, 90 cm hoch; 'Curlilocks' mit krausen, zinnoberroten Blütenblättern, 75 cm hoch; 'Black and White' mit weißen Blüten mit schwarzer Mitte, 100 cm hoch. 'Cedric's Pink' hat große, grau-rosa, gekräuselte Blütenblätter mit einem violett-schwarzen Fleck am Grunde.
Haltung: Bevorzugen pralle Sonne und gut durchlässige, nahrhafte, feuchte Erde. Nach der Blüte ziehen die Pflanzen ein.
Vermehrung: Durch Wurzelstecklinge im Herbst oder Winter.
(Bild Seite 111)

Bartfaden
Penstemon glaber
Braunwurzgewächse
(Scrophulariaceae)

Sonnig
Gut durchlässiger, fruchtbarer Boden
Mai–Juni

Heimat: Nordamerika
30–60 cm hohe, buschige Staude mit dunkelgrünen, glatten, 5–8 cm langen, riemenartigen Blättern und einer langen Rispe leuchtend blauer bis violetter, röhrenförmiger Blüten mit rosa-weißem Schlund.
Haltung: Benötigt einen warmen, geschützten Standort und gut durchlässigen Boden. Aufbinden ist nicht erforderlich. Wenn man die ersten Blüten abschneidet, erscheinen bald neue. Im Winter vor Frost schützen.
Vermehrung: Im Spätsommer durch Stecklinge, die man dicht unter einem Knoten abnimmt und in einen ungeheizten Vermehrungskasten steckt.

Blauraute, Silberstrauch
Perovskia atriplicifolia
Lippenblütler (Labiatae)

Sonnig
Gut durchlässiger Boden
August–September

Heimat: Gemäßigtes Nordasien
1–1,5 m hoher, laubabwerfender, nach Salbei duftender Halbstrauch mit grobgesägten, graugrünen, weißfilzigen Blättern; 90–150 cm hohe Stengel tragen im Spätsommer zahlreiche zart lavendelblaue Blüten in 50 cm langen, endständigen Rispen. Eine empfehlenswerte Sorte ist 'Blue Spire' mit tief eingeschnittenen Blättern und größeren Blüten.
Haltung: Benötigt einen trockenen, sonnigen Standort und gut durchlässige Gartenerde. Braucht viel Platz. Sobald im Frühjahr die Knospen erscheinen, alle Zweige kräftig zurückschneiden. Benötigt keinen Frostschutz im Winter.
Vermehrung: Durch Stecklinge, die man im Hochsommer schneidet und in einen Vermehrungskasten mit sandigem Substrat steckt, oder durch Aussaat. Stecklingsvermehrung nicht leicht.

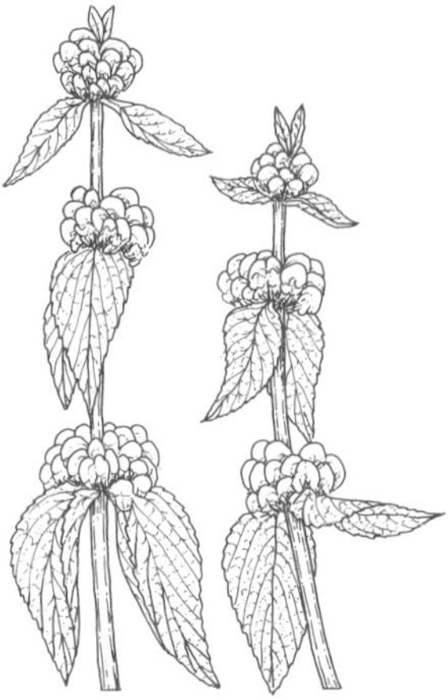

Brandkraut
Phlomis samia
Lippenblütler (Labiatae)

Sonnig
Gut durchlässiger Gartenboden
Juni–Juli

Heimat: Griechenland, Kleinasien
Hübsche, bis etwa 1 m hohe Staude mit großen, rauhen, gekräuselten, herzförmigen, filzigen, salbeiähnlichen, graugrünen Blättern. An kräftigen Stengeln erscheinen im Sommer über den gegenständigen Blättern Quirle von zarten, sattgelben Rachenblüten. Die attraktiven Samenstände lassen sich sowohl grün wie getrocknet gut zu Blumenarrangements verwenden.
Haltung: Gedeiht am besten an einem freien, sonnigen Platz auf einem nicht zu nassen, etwas kalkhaltigen, sandig-lehmigen Gartenboden.
Vermehrung: Im Frühjahr oder Herbst durch Aussaat, Stecklinge oder Teilung.
(Bild Seite 112)

Staudenphlox
Phlox paniculata
Sperrkrautgewächse (Polemoniaceae)

Halbschattig–sonnig
Gut durchlässiger, nahrhafter Gartenboden
Juli–August

Heimat: Nordamerika
Über 1 m hohe, buschige Gartenstaude, die in keiner Staudenrabatte fehlen sollte. Stengel aufrecht, mit gegenständigen, länglich-lanzettlichen dunkelgrünen Blättern. *P. paniculata* ist der Ahnherr aller prächtigen Hybriden mit leuchtenden und sanften Farben und wunderbarem Moschusduft. Es gibt eine große Auswahl verschiedenfarbiger Sorten: 'Vintage Wine', 75 cm hoch, mit riesigen Dolden purpuroter Blüten; 'Windsor', 110 cm hoch, mit hell karminroten Blüten mit dunklerem »Auge«; 'Border Gem', kräftig, 90 cm hoch, mit violetten Blüten mit hell-violettem »Auge«; 'Mother of Pearl', 75 cm hoch, mit rosafarbenen Blüten; 'Hampton Court', 75 cm hoch, mit dunklen Blättern und blauen Blüten; 'Harlequin', 90 cm hoch, mit panaschiertem Laub und sattvioletten Blüten; 'Prince of Orange', 90 cm hoch, mit orange-lachsrosa Blüten; 'Fujuyana', 75 cm hoch, mit reinweißen, walzenförmigen

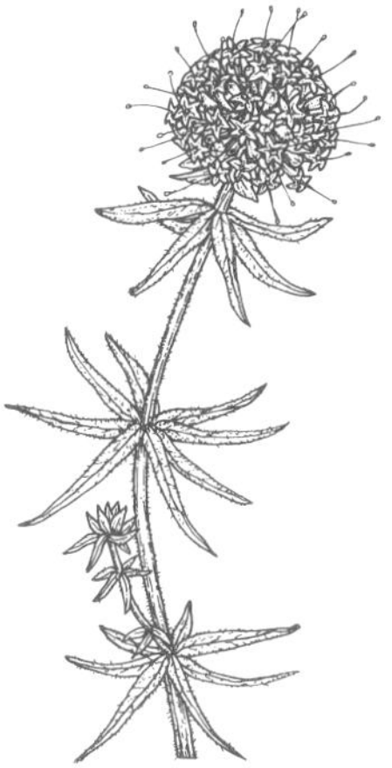

Kreuzblatt
Phuopsis stylosa
Krappgewächse (Rubiaceae)

Pralle Sonne
Sandiger Lehmhumusboden
Juni–August

Blütenständen; 'White Admiral', 75 cm hoch, mit reinweißen Blüten; 'Prospero', blaßlila, und 'Red Indian', tief karminrot; ein richtiger Zwerg ist 'Pinafore Pink', 45 cm hoch, mit großen, leuchtend rosa Blütenständen.
Haltung: Phlox gedeiht am besten in lockerer, durchlässiger, nahrhafter Erde mit viel Humus, gut verrottetem Stallmist oder Gartenkompost bei ausreichender Feuchtigkeit. Darf in sehr heißen, trockenen Sommern nicht austrocknen.
Vermehrung: Durch Wurzelstecklinge im Herbst oder Winter.
(Bild Seite 129

Heimat: Persien, Kaukasus
15–30 cm hohe, polsterbildende Pflanze mit niederliegenden, vierkantigen Stengeln, die kleine, schmale Blätter tragen, die zu 6–9 in Quirlen stehen. Blütenstand endständige Dolden leuchtend rosaroter, röhrenförmiger, ein Kreuz bildender Blüten. Es gibt auch scharlach- und purpurrot blühende Sorten.
Haltung: Liebt viel Sonne und eignet sich vorzüglich für Steingärten und Trockenmauern. In kalten Wintern vor Frost schützen. Kann bei guten Bedingungen stark wuchern.
Vermehrung: Durch Aussaat oder Teilung im Frühjahr.
Bemerkung: Hieß lange *Crucinella stylosa*.
(Bild Seite 130)

Fünferling
Phygelius capensis
Braunwurzgewächse
(Scrophulariaceae)

Sonnig
Gut durchlässiger, fruchtbarer Boden
Juli–September

Heimat: Südafrika
Bis 90 cm hoch werdender Strauch. Aufrechte, vierkantige Stengel mit gegenständigen, lanzettlichen Blättern tragen gleichsam einen Kronleuchter aus röhrenförmigen, an Fuchsien erinnernden, karmin- bis scharlachroten Blüten mit gelbem Schlund und vorstehenden Staubgefäßen.
Haltung: Benötigt einen sonnigen, warmen Standort und nahrhaften Boden. Kann nur in Gegenden mit mildem Klima den Winter über im Freien gehalten werden, benötigt sonst einen sehr guten Frostschutz oder sollte besser noch ausgegraben und im Hause überwintert werden. Falls dennoch Kälteschäden auftreten, Pflanze zurückschneiden, damit sich im Frühjahr neue, gesunde Sprosse bilden.
Vermehrung: Durch Aussaat im Juni/Juli oder durch krautige Stecklinge.

Gelenkblume
Physostegia virginiana
Lippenblütler (Labiatae)

Sonnig–halbschattig
Beliebiger, nicht zu leichter Boden
Juli–September

Heimat: Nordamerika
Aufrechte, bis 1,20 m hohe Staude mit kräftigem Wurzelstock, der sich unterirdisch durch Ausläufer ausbreitet. Vierkantige, unverzweigte Stengel tragen lange, schmale, gezähnte, dunkelgrüne, glänzende Blätter und spitz zulaufende Ähren aus in vier Reihen stehenden rosaroten, trompetenförmigen Blüten. Der Name Gelenkblume kommt daher, daß die Blütenstiele ein Gelenk haben, so daß die Blüten, wenn man sie zur Seite schiebt, in dieser Stellung stehenbleiben. Es gibt mehrere schöne Sorten.
Haltung: Gedeiht am besten in nicht zu leichtem, lehmigem und nährstoffreichem Boden. Gut feucht halten und bei heißer, trockener Witterung ausreichend gießen.
Vermehrung: Durch Teilung im Frühjahr oder durch Wurzelstecklinge im Winter.
(Bilder Seite 131)

Oben: *Phlox paniculata* 'Vintage Wine' trägt auf 75 cm hohen Stengeln zahlreiche recht kompakte Dolden purpurroter, herrlich duftender Blüten. Siehe Seite 126–127.

Oben: *Physostegia virginiana* 'Rose Bouquet' erfreut im Spätsommer mit langen Ähren gelblich-violetter, röhrenförmiger Blüten, die in schönem Kontrast zu den grobgezähnten, dunkelgrünen Blättern stehen. Siehe Seite 128.

Rechts: *Physostegia virginiana* 'Alba' ist eine der attraktivsten weißen Sorten dieser Art. Siehe Seite 128.

Links: *Phuopsis stylosa,* eine polsterbildende Pflanze, ideal für Randbepflanzung, gedeiht in praller Sonne und trägt den ganzen Sommer über entzückende rosarote Blütenköpfe. Siehe Seite 127.

Links: *Polemonium foliosissimum* bringt im Sommer mit ihren satt lavendelblauen Blüten Farbe ins Staudenbeet. Siehe Seite 145.

Links unten: *Polygonatum × hybridum,* eine anpassungsfähige Staude, die auf gebogenen Stengeln süßduftende Glockenblüten hervorbringt und zu den ersten Frühlingsblühern zählt. Siehe Seite 145.

Rechts: *Polygonum amplexicaule* 'Atrosanguinea', eine robuste Staude, die vom Sommer bis in den Herbst zahlreiche Ähren violettroter Blüten zeitigt. Siehe Seite 146.

Unten: *Potentilla atrosanguinea* 'Gibson's Scarlet' trägt auf 30 cm hohen Stengeln über erdbeerähnlichen Blättern herrlich rote ungefüllte Blüten. Siehe Seite 146.

Oben: *Rudbeckia fulgida* 'Goldsturm' trägt vom Spätsommer an leuchtende Blüten, die sich hervorragend als Schnittblumen eignen. Siehe Seite 149.

Unten: *Ranunculus aconitifolius* 'Flore Pleno' mit ihren knopfähnlichen gefüllten weißen Blüten wirkt in einem bunten Staudenbeet auflockernd und beruhigend. Siehe Seite 148.

Oben: *Salvia nemorosa,* eine ausdauernde, anpassungsfähige Pflanze, die in jedem Boden gedeiht und lang dauernde Ähren wunderschöner violetter Blüten hervorbringt. Siehe Seite 149.

Oben: *Sedum spectabile* 'Autumn Joy' ist eine Sorte, deren Blütenfarbe sich von Rosenrot zu Lachsrosa wandelt. Fetthennen sind wegen ihrer Pflegeleichtigkeit und ihrer prächtigen Blüten, die viele Insekten anlocken, empfehlenswert. Siehe Seite 152.

Links: *Saponaria officinalis* mit einfachen, duftenden, rosa Blüten auf bis zu 90 cm hohen, aufrechten Stengeln ist die ursprüngliche Form, von der mehrere gefüllte Sorten abstammen. Siehe Seite 150.

Rechts: *Schizostylis coccinea* 'Major' gedeiht in feuchtwarmer Umgebung auf fast allen Böden und trägt im Herbst weithin leuchtende, sternförmige Blüten. Siehe Seite 151.

Oben: *Sidalcea malvaeflora* trägt auf bis zu 135 cm hohen Stengeln wunderschöne Blüten in – je nach Sorte – verschiedenen Rosatönen. Nach der Blüte abschneiden, um die Bildung von Seitentrieben anzuregen. Siehe Seite 153.

Links: *Sisyrinchium striatum* 'Variegatum', eine zarte Staude, die im Sommer auf hohen, schlanken Stengeln gelblichweiße Blüten trägt und deren Blätter den Winter über erhalten bleiben. Siehe Seite 153.

Rechts: *Solidago* × 'Golden Mosa', eine prächtige, ca. 75 cm hohe Sorte mit wunderschönen, flauschigen gelben Blütenständen.
Siehe Seite 154.

Oben: *Thalictrum speciosum,* von Floristen vor allem wegen der lange haltenden graugrünen Blätter hochgeschätzt, trägt im Sommer gelbe Blütenknäuel. Siehe Seite 155.

Oben: *Stachys olympica* 'Silver Carpet' ist ein ausgezeichneter Bodendecker, der die Feuchtigkeit gut hält. Siehe Seite 155.

Unten: *Tradescantia virginiana* 'Isis' trägt im Sommer auffallende, lange haltende, violettblaue Blüten. Siehe Seite 156.

Links: *Trollius × cultorum* 'Fire Globe' eignet sich nur für feuchte Standorte und wirkt als Uferbepflanzung von Teichen besonders schön, vor allem wenn sie im Frühjahr ihre goldgelben Blüten entfaltet. Siehe Seite 156.

Rechts: *Veronica spicata* blüht im Sommer schön blau, benötigt zur vollen Entfaltung ihrer Schönheit jedoch einen freien, sonnigen Standort. Siehe Seite 157.

Unten: *Tropaeolum speciosum* wirkt hervorragend, wenn es über einen immergrünen Strauch ranken kann. Den Sommer über tragen die Ranken leuchtend scharlachrote Blüten. Siehe Seite 157.

Oben: *Zantedeschia aethiopica* 'Crowborough' ist in milden Klimaten und an geschützten Stellen winterhart und eignet sich für ein freiliegendes Beet oder eine feuchte Stelle an einem Teich oder Bach; trägt im Sommer weiße Blütenscheiden. Siehe Seite 158.

Sperrkraut, Himmelsleiter
Polemonium foliosissimum
Sperrkrautgewächse
(Polemoniaceae)

Sonnig
Tiefgründiger, fruchtbarer Boden
Juni–August

Heimat: Die Gattung ist in der nördlichen gemäßigten Zone verbreitet; in Nord- und Mitteleuropa wächst die seltene Blaue Himmelsleiter *(P. caeruleum)*. Bis 75 cm hoch werdende, langlebige Staude mit unpaarig gefiederten Blättern und aufrechten Stengeln, die vom Früh- bis zum Spätsommer dichte endständige Rispen hübscher, fünfstrahliger, lavendelblauer Blüten mit orangegelben Staubgefäßen tragen. Es gibt auch eine früher blühende, 45 cm hohe, hellblaue Sorte, 'Sapphire', die ebenso langlebig ist.
Haltung: *Polemonium foliosissimum* blüht üppig in fetter, fruchtbarer Erde an einem sonnigen Standort.
Vermehrung: Durch Teilung im Frühherbst oder Frühjahr.
(Bild Seite 132)

Salomonssiegel
Polygonatum-Hybriden
Liliengewächse (Liliaceae)

Halbschattig–schattig
Fruchtbarer, feuchter Boden
Mai–Juni

Heimat: Die Gattung ist in der nördlichen gemäßigten Zone verbreitet.
30–60 cm hohe, sehr anmutige Staude mit dickem, verzweigtem Wurzelstock. Die hübsch gebogenen Stengel tragen wechselständige, ungestielte, breitgerippte, lanzettliche, frisch grüne Blätter, denen gegenüber kleine, duftende, grünlichweiße, achselständige, hängende Blütenglöckchen sitzen.
Haltung: Die Wurzeln in Gruppen dicht unter die Oberfläche legen. Die Pflanzen gedeihen am besten in wasserspeichernder, gut mit Laubstreu oder gut verrottetem Gartenkompost angereicherter Erde. Bei sonnigem Standort und trockener Witterung gut feucht halten.
Vermehrung: Durch Teilung im Herbst oder Frühjahr.
(Bild Seite 132)

Kerzen-Knöterich

Polygonum amplexicaule
Knöterichgewächse
(Polygonaceae)

Halbschattig–sonnig
Guter, feuchter Gartenboden
Juni–Juli

Heimat: Himalaya
Attraktive, 60–80 cm hohe, buschige Staude mit verholztem Wurzelstock. Aufrechte, hohe Stengel tragen große, kerzenförmige, stengelumfassende Blätter und zur Blütezeit bis zu 15 cm lange endständige Scheinähren winziger roter Blüten. Die Sorte 'Atrosanguinea' ist 105–120 cm hoch und trägt rosa-karminrote Blütenähren.
Haltung: Gedeiht am besten in fetter, feuchter Erde in Sonne oder Halbschatten. Feucht halten – blüht schlecht, wenn die Wurzeln trocken werden. Mindestens vier Pflanzen zusammenpflanzen, da eine allein nicht viel ausmacht.
Vermehrung: Im Frühjahr, entweder durch Aussaat im Kalthaus oder ungeheizten Kasten oder durch Teilung der Wurzeln.
(Bild Seite 133)

Himalaya-Fingerkraut

Potentilla atrosanguinea
Rosengewächse (Rosaceae)

Sonnig–halbschattig
Fruchtbarer, gut durchlässiger Boden
Juni–September

Heimat: Himalaya
50–100 cm hohe (oder lange) Staude mit niederliegenden Stengeln und dreizähligen, unterseits weiß-zottigen, erdbeerähnlichen Blättern. Am bekanntesten ist 'Gibson's Scarlet', 30 cm hoch, mit einfachen roten Blüten. 'William Rollison' besitzt gefüllte mahagonifarbene Blüten und 'Gloire de Nancy' fast 5 cm große, halbgefüllte orange-karminrote Blüten.
Haltung: Gedeiht am besten in praller Sonne, verträgt aber auch Teilschatten. Liebt gut durchlässige, fruchtbare Erde, die aber auch nicht zu fett sein sollte, da sich sonst auf Kosten der Blüten besonders üppiges Laub bildet. In Gruppen pflanzen; wegen ihres niederliegenden Wuchses brauchen sie viel Platz. Im Winter vor Kälte und Staunässe schützen.
Vermehrung: Durch Teilung im Frühjahr oder Herbst.
(Bild Seite 133)

Kugelprimel
Primula denticulata
Primelgewächse
(Primulaceae)

Halbschattig–sonnig
Guter, feuchter Gartenboden
März–April

Heimat: Zentral- und Westasien
Zur Blütezeit ca. 30 cm hoch. Blaßgrüne Blätter bilden eine große grundständige Rosette; sie sind wie die olivgrünen Stengel leicht weiß bemehlt. Die duftenden Blüten bilden dichte kugelige, endständige Blütenstände in den Farben Blaßlavendel, Blaßlila, Lila, Violettlila, Karmin- oder tief Purpurrot. Es gibt auch eine reizende weiße Form, *P. d. alba*.
Haltung: Braucht in einem sonnigen Beet den ganzen Sommer über Feuchtigkeit, daher besser an einen halbschattigen Platz oder in tiefgründige, feuchte, fette Erde pflanzen. Völlig winterhart, aber starker, früher Frost kann manchmal die Blätter leicht schädigen.
Vermehrung: Durch Aussaat an einer schattigen Stelle, sobald die Samen reif sind, oder, wenn man in der Farbe bleiben will, durch Wurzelstecklinge im Frühjahr.

Echtes Lungenkraut
Pulmonaria officinalis
Boretschgewächse
(Boraginaceae)

Halbschattig–schattig
Lockerer Laubhumusboden
April–Mai

Heimat: Europa
Bis 30 cm hohe, rauhbehaarte, frühblühende Staude mit großen, dunkelgrünen, weißgefleckten Blättern und kleinen endständigen Blütenständen. Die Blüten sind beim Aufblühen rot und verfärben sich später über Violett zu Blau. *P. saccharata* hat längere und schmalere, fast graue und wenig gefleckte Blätter sowie rosa und blaue Blüten. Während *P. officinalis* und *P. saccharata* mehr oder weniger immergrün sind, vergehen die ungefleckten Blätter von *P. angustifolia* im Spätherbst oder Winter fast völlig.
Haltung: Benötigen einen halbschattigen bis schattigen Standort auf lockerem Laubhumusboden. Gut feucht halten.
Vermehrung: Durch Teilung im Herbst oder Frühjahr.

Bunte Frühlingsmargerite

Pyrethrum roseum
Korbblütler (Compositae)

Sonnig
Guter, fruchtbarer Boden
Mai–Juni

Heimat: Trockene Felshänge des Kaukasus
50–70 cm hohe Staude mit meist unverzweigten, aufrechten Stengeln und doppelt gefiederten Blättern. Die spärlich belaubten Stengel tragen je ein Blütenkörbchen. Es gibt viele verschiedenfarbige Sorten, einfache wie gefüllte, z. B. 'Eileen May Robinson', 80 cm hoch, mit einfachen, 7,5 cm großen, blaßrosa Blüten; 'Brenda' mit einfachen, 9,5 cm großen violetten Blüten, 90 cm hoch; 'Progression', 90 cm hoch, mit großen, gefüllten, rosa Blüten.
Haltung: Gedeihen am besten an freien, sonnigen Stellen in fruchtbarer, gut durchlässiger Erde. Schon früh mit verzweigten Erbsenreisern stützen. Alle 2–3 Jahre teilen und neu einpflanzen, um den kräftigen Wuchs zu erhalten.
Vermehrung: Durch Teilung direkt nach der Blüte.
Bemerkung: Heißt auch *Chrysanthemum coccineum.*

Eisenhutblättriger Hahnenfuß

Ranunculus aconitifolius
Hahnenfußgewächse (Ranunculaceae)

Halbschattig–sonnig
Gut durchlässiger, feuchter Boden
Mai–Juni

Heimat: Feuchte Bergwälder Mitteleuropas
Stattliche, ausdauernde Pflanze mit kurzem Wurzelstock und verzweigten, aufrechten, bis über 1 m hohen Stengeln. Die tief eingeschnittenen, dunkelgrünen Blätter erinnern an die vom Eisenhut. Die gefüllte Sorte 'Flore Pleno' ist eine wunderschöne, zarte Pflanze; sie zeitigt im Frühsommer zahlreiche, ca. 1,25 cm große, reinweiße, knopfförmige Blüten.
Haltung: Gedeiht gut in feuchter, fruchtbarer Erde an einem halbschattigen Standort. Bei heißer Witterung nicht austrocknen lassen!
Vermehrung: Durch Teilung im Frühjahr unmittelbar nach der Blüte.
(Bild Seite 134)

Sonnenhut
Rudbeckia fulgida
Korbblütler (Compositae)

Sonnig
Feuchter, fruchtbarer Gartenboden
August–Oktober

Heimat: Nordamerika
50–70 cm hohe, reichblühende Staude. Aus einem Busch lanzettlicher, rauh behaarter Blätter entspringen aufrechte, verzweigte Stengel, die mehrere große, margeritenähnliche goldgelbe Blüten mit violettschwarzem Herzen tragen. Eine der wertvollsten Stauden für das Beet und als Schnittblume, paßt gut zur *Aster amellus* 'King George'. Die Sorte 'Goldsturm' hat chromgelbe Blüten mit dunkelbraunem Herzen. *R. f. deamii*, reichblühend, wird 90 cm hoch.
Haltung: Benötigt einen sonnigen Standort und einen feuchten, nahrhaften Gartenboden. Im Sommer nicht austrocknen lassen!
Vermehrung: Durch Teilung im Herbst oder Frühjahr.
(Bild Seite 134)

Prachtsalbei, Sommersalbei
Salvia nemorosa
Lippenblütler (Labiatae)

Sonnig
Trockener, kalkhaltiger Boden
Juni–Juli

Heimat: Kleinasien, Südosteuropa
Aufrechte, 50–80 cm hohe Staude mit dicht verzweigten Stengeln, die eiförmig-lanzettliche, graufilzig behaarte Blätter und aufrechte Ähren violetter Blüten mit rötlichbraunen Hüllblättern tragen. An Sorten sind u. a. im Handel: 'Lubeca' mit sattvioletten Blüten und karminroten Kelchen, 'Mainacht' mit leuchtend blauen Blüten und 'Superba' mit violettblauen Blüten und roten Kelchen und Hüllblättern.
Haltung: Gedeiht am besten auf trockenem, gut durchlässigem, kalkhaltigem Boden, darf jedoch nicht austrocknen. Hohe Sorten brauchen Stützen, z. B. Erbsenreiser, durch die sie hindurchwachsen.
Vermehrung: Durch Teilung im Frühjahr oder Herbst.
Bemerkung: Wird auch als *S. superba* bezeichnet.
(Bild Seite 136)

Echtes Seifenkraut
Saponaria officinalis
Nelkengewächse
(Caryophyllaceae)

Sonnig
Gut durchlässiger Boden
Juli–September

Heimat: Ursprünglich Mittelmeerraum, heute fast ganz Eurasien und Nordamerika
Ausdauernde, 20–100 cm hohe Pflanze mit kriechendem Wurzelstock und aufrechten Stengeln, die dreinervige, 5–13 cm lange und 5 cm breite gegenständige, glänzende Blätter und endständige Büschel 2,5–3 cm großer, sich abends öffnender, duftender rosa bis weißer Blüten tragen. Gefüllte Formen sind 'Rosea Plena' (rosa) und 'Alba Plena' (weiß).
Haltung: Gedeiht in guter, gut durchlässiger Erde, aber nicht auf Kalk. Sät sich selbst aus. Kann wuchern und unordentlich aussehen, verdient aber trotzdem einen Platz im Garten.
Vermehrung: Durch Teilung oder Aussaat im Frühjahr.
Bemerkung: Heißt Seifenkraut, weil sie beim Zerreiben im Wasser schäumt und früher zum Waschen empfindlicher Textilien verwendet wurde. Wächst bei uns wild an Ufern und Wegrändern.
(Bild Seite 136)

Schatten-Steinbrech
Saxifraga fortunei
Steinbrechgewächse
(Saxifragaceae)

Schattig
Fetter, fruchtbarer Boden
September

Heimat: China
Über glänzenden, fleischigen, oberseits leuchtend grünen, unterseits rötlichen Blättern stehen auf fleischigen, verzweigten, 30–45 cm hohen Stengeln zarte Rispen reinweißer, sternförmiger Blüten. Blüht im Herbst, in manchen Jahren bis zum Frühwinter. Wertvoll als Schnittblume. Die Sorte 'Wada's Form' hat violett getönte, unterseits karminrote Blätter.
Haltung: Braucht einen kühlen, schattigen, möglichst etwas geschützten Platz mit fetter Erde.
Vermehrung: Durch Teilung im Frühjahr oder gleich nach der Blüte im Herbst.

Porzellanblümchen
Saxifraga umbrosa
Steinbrechgewächse
(Saxifragaceae)

Halbschattig
Humoser Waldboden
Juni–August

Heimat: Pyrenäen
Immergrüne Staude mit grundständigen Rosetten aus etwas fleischigen, elliptischen Blättern und dünnen, 30 cm hohen, aufrechten Stielen, die lockere Trauben aus rosaweißen, reich zartrot gefleckten, sternförmigen Blüten tragen. Es gibt auch panaschierte Formen, z. B. 'Variegata' sowie die hübsch gelb gefleckte 'Variegata Aurea'.
Haltung: Gedeihen am besten in halbschattiger Lage – außer die panaschierten Formen, die einen sonnigen Standort benötigen, um die Zeichnung nicht zu verlieren. Jedes Jahr mit Humus mulchen. Im Sommer gut feucht halten.
Vermehrung: Durch Teilung im Herbst oder Frühjahr.
Bemerkung: Heißt jetzt *S. × urbium*.

Spaltgriffel
Schizostylis coccinea
Schwertliliengewächse
(Iridaceae)

Sonnig
Beliebiger feuchter, fruchtbarer Boden
September

Heimat: Östliches Südafrika
Trägt auf 60–75 (und mehr) cm hohen Stengeln ca. 4 cm breite, sternförmige, kleinen Gladiolen nicht unähnliche, satt karminrote Blüten. Die Sorten 'Major' und 'Gigantea' sind noch leuchtender und größer, 'Mrs. Hegarty' ist blaßrosa, und 'Sunrise' hat große rosa Blüten. Hervorragend als Schnittblumen geeignet.
Haltung: Scheint auf den meisten Böden zu wachsen und reich zu blühen, braucht dazu allerdings viel Feuchtigkeit; wächst in der Heimat am Wasser. Mulchen im Frühjahr mit Torf oder gut verrottetem Gartenkompost hilft, die Erde um die Pflanzen feucht zu halten. Der knollige Wurzelstock muß, um zu gedeihen, alle paar Jahre ausgehoben, geteilt und umgepflanzt werden.
Vermehrung: Durch Teilung im Frühjahr; jedes Stück muß 4–6 Sprosse haben.
(Bild Seite 137)

Wasser-Braunwurz
Scrophularia auriculata
Braunwurzgewächse
(Scrophulariaceae)

Halbschattig
Feuchter Boden
Juni–August

Heimat: Mitteleuropa
Bis 60 cm hoch werdende Staude mit starren, aufrechten Stengeln, die vom Frühjahr bis zum Herbst gegenständige, am Grunde herzförmige Blätter tragen, die bei der panaschierten Form 'Variegata' – nur diese wird gepflegt – hübsch rahmweiß gestreift sind. Die rotbraunen Blüten sind unbedeutend.
Haltung: Gedeiht am besten im Halbschatten, in praller Sonne trocknen die Blätter aus und verlieren z. T. ihre schöne Zeichnung. Die Blüten werden am besten entfernt, damit die Blätter kräftiger und schöner gezeichnet werden und sich keine unerwünschten Keimlinge bilden. Im Sommer gut feucht halten. Die alten Stengel zurückschneiden, wenn sie im Frühwinter »unordentlich« aussehen.
Vermehrung: Im Frühjahr teilen und umpflanzen oder im Herbst Stecklinge schneiden und in einen ungeheizten Kasten mit sandiger Erde setzen.

Fetthenne
Sedum spectabile
Dickblattgewächse
(Crassulaceae)

Sonnig
Gut durchlässiger Boden
August–September

Heimat: China
Kräftige, 30–60 cm hohe Pflanze mit aufrechten Stengeln, die große, fleischige, glänzend bläulichgrüne, gegenständige oder zu dritt stehende stengelumfassende Blätter und große, breite, endständige Schirme aus vielen blaßrosa Blüten tragen, die von vielen Bienen und Schmetterlingen besucht werden. Die Sorten 'Carmen' und 'Meteor' sind kräftig rosa, 'Brilliant' tief rosarot. 'Autumn Joy' ist zuerst blaßrosa, wird langsam herrlich lachsrosa und später wunderschön braun.
Haltung: Sehr genügsame Pflanze. Braucht kaum Pflege, aber Platz; etwa fünf Pflanzen auf 1 m² setzen. Gedeiht am besten an einem sonnigen Standort auf magerem, trockenem Boden.
Vermehrung: Im Hochsommer durch Stengelabschnitte, die in einen ungeheizten Kasten mit sandiger Erde gesteckt werden, im Spätsommer oder Herbst durch Teilung.
(Bild Seite 137)

Präriemalve, Doppelmalve
Sidalcea malvaeflora
Malvengewächse
(Malvaceae)

Sonnig
Gut durchlässiger, kalkarmer Boden
Juni–August

Heimat: Kalifornien
Bis 1,5 m hoch werdende Staude mit kleinen glänzend grünen, handförmig geteilten Blättern. Auf kräftigen, verzweigten Stengeln sitzen endständige lockere Ähren trichterförmiger Blüten in verschiedenen Rosatönen. 'Croftway Red', tief sattrot, 90 cm hoch, 'William Smith', lachsrosa, 105 cm hoch, und 'Sussex Beauty', klar samtig rosarot, 90 cm hoch.
Haltung: Gedeiht am besten in sonniger Lage auf gut durchlässigem, tiefgründigem Boden. Die höheren Sorten aufbinden. Nach der Blüte ganz zurückschneiden, um die Bildung von Seitensprossen anzuregen, die im nächsten Jahr blühen. Vor Staunässe und Frost gut schützen.
Vermehrung: Durch Teilung im Herbst oder Frühjahr.
(Bild Seite 138)

Binsenlilie
Sisyrinchium striatum
Schwertliliengewächse
(Iridaceae)

Sonnig
Gewöhnlicher guter Gartenboden
Juni–Juli

Heimat: Chile
30–60 cm hohe, immergrüne Pflanze mit schwertförmigen, 45–60 cm langen Blättern, die im Winter im Beet einen hübschen Fächer bilden. Auf schlanken, aufrechten Stengeln erblühen im Frühsommer in der oberen Hälfte viele blaß gelblichweiße, unterseits violett gestreifte Blüten.
Haltung: An einer sonnigen Stelle in gut durchlässiger Erde mit Zusatz von Laubstreu oder Torf. Nach etwa einem Jahr gehen die Pflanzen plötzlich ein, säen sich aber reichlich aus. Verwelkte Stengel und Blätter im Herbst abschneiden. Vor Frost schützen!
Vermehrung: Durch Teilung im Herbst oder durch Verpflanzen von selbstausgesäten Keimlingen, so daß sie einen adretten Horst bilden.
(Bild Seite 138)

Duftsiegel, Schattenblume
Smilacina racemosa
Liliengewächse (Liliaceae)

Halbschattig–schattig
Feuchter, humoser Boden
Mai–Juni

Heimat: Nordamerika
30–60 cm hohe Staude mit anmutig gebogenen, verzweigten Stengeln, die mit 15 cm langen und halb so breiten, lanzettlichen, wechselständigen, frisch grünen, unterseits flaumigen Blättern besetzt sind. Im Frühjahr erscheinen wechselständige, 15 cm lange lockere Trauben kleiner rahmweißer, duftender Blüten, im Herbst rote Beeren.
Haltung: Braucht Schatten und Feuchtigkeit; die Wurzeln dürfen im Sommer nicht austrocknen. Verträgt keinen Kalk!
Vermehrung: Durch Teilung des Wurzelstocks im Herbst. Im ersten Jahr nach dem Pflanzen noch nicht teilen – die Wurzeln breiten sich langsam unterirdisch aus und dürfen nicht gestört werden, ehe die Pflanze fest verwurzelt ist.

Echte Goldrute
Solidago virgaurea
Korbblütler (Compositae)

Sonnig–halbschattig
Beliebiger Boden
Juli–September

Heimat: Nordamerika; jetzt auch in Europa und Asien verbreitet
Robuste, bis 1 m hohe Staude mit hohen, oben flaumig behaarten Stengeln, die schmale, lanzettliche Blätter und endständige, aufrechte Trauben kleiner gelber Blüten tragen. Es gibt zahlreiche Sorten, meist Hybriden. 'Golden Mosa', 60–75 cm hoch, hat hübsche, an Mimosen erinnernde, goldgelbe Blüten. Kleiner sind 'Cloth of Gold', 45 cm hoch, tiefgelb, und 'Golden Thumb', 30 cm hoch, klar gelb, die adrette kleine Büsche bilden.
Haltung: Recht anspruchslos. Gedeiht in jeder Erde. Die hohen Sorten benötigen etwas Humus. Sonne oder Halbschatten sagen ihr gleichermaßen zu.
Vermehrung: Durch Teilung im Frühjahr oder Aussaat.
(Bild Seite 139)

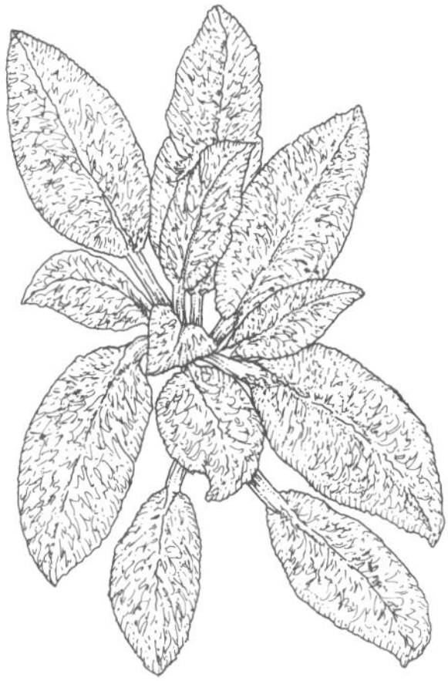

Wollziest, Eselsohr
Stachys olympica
Lippenblütler (Labiatae)

Sonnig–halbschattig
Gut durchlässiger Gartenboden
Juli–September

Heimat: Kaukasus
Bis 30 cm hoch werdende, immergrüne Staude mit prächtigen, kurz gestielten, weißfilzigen Blättern und zahlreichen unscheinbaren Blüten. Die Sorte 'Silver Carpet' blüht nicht und ist ein ausgezeichneter Bodendecker.
Ganz anders der Großblütige Ziest *(S. macrantha)* aus Sibirien mit sehr knittrigen, herzförmigen, zartgrünen, weißbehaarten Blättern und violettrosa Blüten auf 30 cm hohen, aufrechten Stengeln. Genannt seien die Sorten 'Robusta', 60 cm hoch, mit großen, violettlila und 'Rosea Superba' mit rosaroten Blüten; sie blühen im Sommer.
Haltung: Gedeiht auf jedem Gartenboden in sonniger bis halbschattiger Lage und ist äußerst anspruchslos. Eignet sich gut für Beeteinfassungen. Abgeblühte Blütenstengel abschneiden.
Vermehrung: Durch Teilung im Frühjahr oder Herbst.
(Bild Seite 141)

Gelbe Wiesenraute
Thalictrum speciosum
Hahnenfußgewächse (Ranunculaceae)

Sonnig–halbschattig
Beliebiger fruchtbarer Boden
Juli–August

Heimat: Pyrenäen, Schweiz
Bis 2 m hohe Staude mit graugrünen, doppelt fiederspaltigen Blättern; die einzelnen Blättchen sind rundlich. Die flauschigen blaßgelben Blüten stehen in großen, doldentraubenähnlichen Rispen auf kräftigen Stengeln.
T. delavayi ist auch eine sehr schöne Wiesenraute mit verzweigten Rispen rosigvioletter Blüten mit leuchtend gelben Staubfäden. Die Sorte 'Hewitt's Double' hat sattviolette, gefüllte Blüten.
Haltung: Braucht fette, gut gedüngte Erde und muß an dem Wind ausgesetzten Standorten aufgebunden werden. Gehört wegen ihrer Größe an den Hinterrand des Staudenbeetes.
Vermehrung: Im Frühjahr durch Teilung, ('Hewitt's Double' durch Ableger).
(Bild Seite 140)

Dreimasterblume, Gartentradeskantie
Tradescantia virginiana
Commelinengewächse
(Commelinaceae)

Sonnig–halbschattig
Beliebiger fruchtbarer Boden
Mai–September

Heimat: Nordamerika
Bis 35 cm hoch werdende Pflanze mit glatten, glänzenden, riemenartigen, gebogenen Blättern und achselständigen Trauben dreistrahliger Blüten, die von Frühsommer bis Herbst erblühen. Es gibt eine Reihe von Sorten zur Auswahl: 'Isis', 45 cm hoch, mit tiefblauen Blüten. Ähnlich hoch sind 'Osprey' und 'Innocence', beide reinweiß; etwas höher sind 'Purwell Giant' mit karminrot bis violetten und 'Purple Dome' mit samtigen, satt violetten Blüten.
Haltung: Gedeiht am besten an einem leicht sonnigen Standort auf fruchtbarem Boden. An den Rand der Rabatte pflanzen. Die Farben kommen jedoch nur in der Gruppe zur Geltung.
Vermehrung: Durch Teilung im Frühjahr oder Herbst.
Bemerkung: Bei den Zuchtformen handelt es sich meist um Hybriden verschiedener Arten.
(Bild Seite 141)

Garten-Trollblume
Trollius × cultorum
Hahnenfußgewächse
(Ranunculaceae)

Sonnig–halbschattig
Feuchter, nahrhafter Boden
Mai–Juni

Heimat: Hybriden aus europäischen und asiatischen Arten *(T. europaeus, T. chinensis, T. asiaticus)*
30–70 cm hohe ausdauernde, wenig verzweigte Pflanze mit großen, wechselständigen, handförmig geteilten, dunkelgrünen Blättern und großen, kugeligen, gelben Blüten. In vielen Sorten erhältlich. Bei gut feuchtem Boden pflanze man 'Earliest of All', 45 cm hoch, mit mittelgroßen Blättern, deren goldgelbe, becherförmige Blüten schon im zeitigen Frühjahr erscheinen.
Haltung: Trollblumen gedeihen am besten in feuchter Erde und müssen stets gut feucht gehalten werden. Sie brauchen viel Humus, z. B. Laubstreu, gut verrotteten Stallmist oder guten Gartenkompost, besonders an trockeneren Standorten. Sandiger, trockener Boden führt zum Absterben der Pflanze.
Vermehrung: Bei allen Hybriden durch Teilung im Frühjahr.
(Bild Seite 142)

Kapuzinerkresse
Tropaeolum speciosum
Kapuzinerkressengewächse
(Tropaeolaceae)

Halbschattig
Humoser Boden
August–Oktober

Heimat: Chile
Bis 3 m hoch kletternde Staude mit fleischiger Wurzel. Die rankenden Stengel tragen hübsche, sechslappige Blätter und sind vom Hochsommer bis zum Herbst über und über mit prächtigen, 4 cm großen, hübsch gespornten, scharlachroten Blüten bedeckt. Wirkt am besten auf immergrünen Sträuchern und Hecken. Ebenso schön sind die warm ockergelben Blüten von *T. polyphyllum*.
Haltung: *T. speciosum* eignet sich am besten für kühle, feuchte Gärten auf dem Land, nicht für die Stadt. *T. polyphyllum* dagegen zieht einen gut entwässernden, heißen, sonnigen Standort vor. Geduld üben – wurzelt schlecht an, kalkhaltigen Boden meiden.
Vermehrung: Im Frühjahr durch Aussaat in den ungeheizten Kasten oder durch Teilung.
(Bild Seite 142–143)

Ähriger Ehrenpreis
Veronica spicata
Braunwurzgewächse
(Scrophulariaceae)

Sonnig
Normaler, trockener Boden
Juli–September

Heimat: Europa
30–40 cm hohe Staude mit aufrechten, selten verzweigten Stengeln, die lanzettförmige, gekerbte, behaarte Blätter tragen und dichte, endständige Ähren tiefblauer Blüten. Es gibt eine Reihe von Gartenformen in anderen Farben. Die satt rosaroten Ähren von 'Barcarolle' stehen auf 30–45 cm hohen Stengeln über einem tiefgrünen Polster grundständiger Blätter. Etwa ebenso hoch ist 'Minuet' mit hellrosa Blüten und graugrünem Laub. Neuere Sorten sind: 'Blue Fox', 30 cm hoch, mit leuchtend lavendelblauen Blüten, und 'Red Fox', langblühend, mit tiefroten Blüten auf 35 cm hohen, aufrechten Stengeln.
Haltung: Die Gartenformen gedeihen in einigermaßen guter, trockener Erde an einem sonnigen Platz und wirken am besten am Vorderrand der Rabatte.
Vermehrung: Durch Teilung im Herbst oder Frühjahr.
(Bild Seite 143)

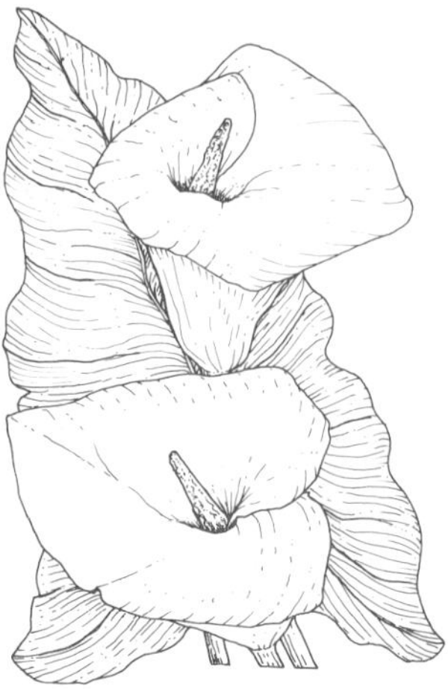

Gemeine Pechnelke
Viscaria vulgaris
Nelkengewächse (Caryophyllaceae)

Sonnig–halbschattig
Fruchtbarer, mäßig durchlässiger Boden
Mai–Juni

Heimat: Europa bis Japan
30–50 cm hohe Staude. Aus einem Tuff dunkelgrüner, grasartiger Blätter entspringen kahle, verzweigte Stengel mit traubig-rispigen, rosa bis karminroten Blüten. Alle Teile der Pflanze sind klebrig. Die Sorte 'Splendens Plena' mit gefüllten, kirschroten Blüten wird 45 cm hoch; 'Alba', 23 cm hoch, hat heller grünes Laub und einfache weiße, grün getönte Blüten.
Haltung: Gedeiht am besten in kräftigem Gartenboden, der gut feucht sein sollte; die einfach blühenden Sorten gedeihen auch an trockeneren Standorten.
Vermehrung: Durch Aussaat ins Freiland im Frühjahr oder durch Teilung im Herbst oder Frühjahr.
Bemerkung: Hieß lange *Lychnis viscaria*.

Calla
Zantedeschia aethiopica
Aronstabgewächse (Araceae)

Sonnig
Beliebiger Boden
Juli

Heimat: Südafrika
Ca. 90 cm hohe Pflanze mit pfeilförmigen Blättern und fleischiger weißer, trichterförmig eingerollter Blütenscheide, die einen fleischigen Kolben aus leuchtend gelben Blüten umgibt.
Haltung: Die Sorte 'Crowborough' ist winterhart, sie braucht aber in den ersten paar Jahren guten Schutz vor Staunässe und Kälte. Wenn sie eingewöhnt ist, dick mit Laubstreu oder Farnkraut mulchen. Beim Pflanzen die Wurzeln ca. 10 cm tief legen (die Wurzeln dringen mit der Zeit tiefer in den Boden). Ist mit trockenen wie mit feuchten Standorten zufrieden und gedeiht auch in schweren Böden.
Vermehrung: Im Spätfrühling durch junge Ableger vom Grunde der Pflanze.
(Bild Seite 144)

Register

Die halbfett gesetzten Seitenzahlen verweisen auf Abbildungen.